रंगीन टी.वी. क्रय निर्देशिका–

उपभोक्ताओं के लिए

वोलंटरी आर्गनाइजेशन इन इंटरेस्ट ऑफ कंज्यूमर एजूकेशन
नई दिल्ली
एवम्
बुक्स फॉर आल
[ए डिविजन ऑफ डी. के. पब्लिशर्स डिस्ट्रीब्यूटर्स (प्रा०) लि०]
दिल्ली-110052

1993 में प्रथम बार प्रकाशित अंग्रेजी पुस्तक
Consumer Buying Guide to Colour Television
का हिन्दी अनुवाद

अ०मा०पु०सं०–81-7386-117-X

प्रकाशक

वालंटरी आर्गनाइजेशन इन इंटरेस्ट ऑफ कंज्यूमर एजूकेशन, नई दिल्ली

एवम्

बुक्स फॉर आल

[ए डिवीजन ऑफ डी.के. पब्लिशर्स डिस्ट्रीब्यूटर्स (प्रा०) लि०]

रजिस्टर्ड आफिस

ए-6, निमड़ी कम्युनिटी सेंटर
अशोक विहार, फेस-IV, दिल्ली - 110052
दूरभाष : 7120113

वितरक

डी. के. पब्लिशर्स डिस्ट्रीब्यूटर्स (प्रा०) लि०
1, अंसारी रोड़, दरिया गंज
नयी दिल्ली - 110002
दूरभाष : 3261465, 3278368
फैक्स : 091-011-3264368

लेजर टाईप सेट द्वारा
जैना हाई–टेक सिस्टमस,
दिल्ली - 110052

मुद्रक
डी. के. फाइन आर्ट प्रैस (प्रा०) लि०
दिल्ली - 110052
दूरभाष : 7116929

विषय-सूची

भाग-एक

भाग-दो

1

भारत में टी०वी० उद्योग : एक विहगावलोकन

देश में श्वेत-श्याम (ब्लैक एंड वाइट) टी०वी० सैटों का उत्पादन 1972 में शुरू हुआ। तब से इस उद्योग ने काफी तरक्की की है और अब यह (रंगीन टी०वी० के उत्पादन सहित) देश के उपभोक्ता इलैक्ट्रानिक उद्योग की सबसे प्रमुख मद (आइटम) बन गई है। 1989-90 में टी०वी० उद्योग का भारत के समूचे उपभोक्ता इलैक्ट्रानिक उद्योग में 67.42 प्रतिशत हिस्सा था जो कि काफी अधिक है।

ध्यान देने की बात यह भी है कि सातवीं पंचवर्षीय योजना (1985-86 से 1990-91 तक) के दौरान उपभोक्ता इलैक्ट्रानिक उद्योग का विकास पूर्णतः एक ही आइटम के कारण हुआ, और वह आइटम थी टी०वी० यानि टेलीविज़न। इस उद्योग में कुल निवेश की राशि 150 करोड़ रु० अनुमानित की गयी है। टी०वी० सैट में इस्तेमाल होने वाले पुर्जे अब देश में ही बनने के कारण टी०वी० सैटों में आयात सामग्री की मात्रा काफी कम हो गयी है। रंगीन टी०वी० सैटों में आयतित सामान कुल सामग्री की लागत के प्रतिशत के रूप में 25 था किन्तु श्वेत-श्याम सैटों में मात्र 4%।

भारतीय रंगीन टी०वी० उद्योग

हालांकि दूसरे देशों के मुकाबले भारत ने रंगीन टी०वी० सैटों के निर्माण के क्षेत्र में बहुत देर से प्रवेश किया, फिर भी इस दिशा में विकास की गति अद्‌भुत रही है। भारत में रंगीन प्रेषण (कलर ट्रांसमिशन) 1982 में शुरू हुआ था और रंगीन टी० वी० सैटों का विनिर्माण 1984 में जब मात्र 2.8 लाख सैट तैयार हुए थे। 1987 में यह मात्रा बढ़कर 11 लाख हो गयी, और 1988 में 13 लाख। उसके अगले वर्ष, यानी 1989 में टी०वी० उद्योग में एकदम मंदी आ गई। ऐसी मंदी पहली बार देखने में आयी। इसका कारण था बाजार में सुस्ती का आना। परिणामस्वरूप उत्पादन की मात्रा गिरकर 12 लाख रह गयी। 1990 में भी यह मंदी जारी रही और उत्पादन पिछले वर्ष के स्तर पर ही रहा।

बेशक, रंगीन टी०वी० सैटों के उत्पादन में 1984 के मुकाबले में काफी वृद्धि हुई है, लेकिन बाज़ार में अब भी श्याम-श्वेत टी०वी० सैटों का ही बोलबाला है। इसका अंदाजा इसी से लगाया जा सकता है कि 1990 में कुल उत्पादन का 75 प्रतिशत श्याम-श्वेत टी०वी सैट ही थे, और रंगीन टी०वी० सैट मात्र 25 प्रतिशत। दरअसल, भारत की 0.5 प्रतिशत जनता के पास ही रंगीन टी०वी० सैट हैं। इसलिए इस उद्योग के विस्तार की गुंजाइश काफी है। अगर ढंग से छानबीन की जाए और काम किया जाये तो निर्यात की दिशा में भी कदम बढ़ाया जा सकता है, जिससे इस उद्योग को और बढ़ावा मिलेगा।

यदि घरेलू और विदेशी मंड़ियों की संभावनाओं को ध्यान में रखकर काम किया जाये तो 1994-95 के लिए 40 लाख सैटों के उत्पादन लक्ष्य को पार करना कोई मुश्किल काम नहीं है।

भारतीय रंगीन टी०वी० सैट बाज़ार : प्रमुख पात्र

भारत में जैसे-जैसे रंगीन टी०वी० सैटों के उत्पादन में वृद्धि हुई है, वैसे-वैसे इस अवधि में रंगीन टी०वी सैट विनिर्माण इकाइयों की सख्या में भी वृद्धि हुई है। आंकड़ों के अनुसार, 1991 में 104 विनिर्माताओं को टी०वी० सैट विनिर्मित करने के लाइसैंस दिये गये थे। पर इनमें से केवल 48 विनिर्माता ही वास्तव में उत्पादन शुरू कर पाये। कई विनिर्माताओं ने तो एक से अधिक इकाइयां (यूनिट) खोल रखी है। इसलिए इन इकाइयों की वास्तविक संख्या 48 से कहीं ज्यादा है।

कुछ विनिर्माता तो बहुत कम मात्रा में अपने सैट तैयार करते हैं, इसलिए बाजार पर इनी-गिनी इकाइयों का ही कब्जा है। पंद्रह प्रमुख रंगीन टी०वी० सैटों के विनिर्माताओं के उत्पादन आंकड़ों से पता चलता है कि 1989 में इनमें से तीन अग्रणी विनिर्माता वीडियोकोन, ओनीडा तथा बी०पी०एल० (इसी क्रम में)–कुल बिक्री का 43 प्रतिशत ले जाते थे। 1990 में यह प्रतिशत बढ़कर 55 हो गया। बाकी के बारह ब्रांड बुश, क्राउन, टी-सीरीज़, सॉलिडेयर, टैक्सला, ऑपटोनिका, वैस्टन, अपट्रोन, नैल्को, डायनोरा, सैनोरा तथा ई०सी० के हिस्से मात्र 39 प्रतिशत आता था। कुल मिलाकर, 1989 में ये पंद्रह ब्रांड 80 प्रतिशत की कमाई करते थे। बैल्टेक, बीनाटोन, चॉइस, हॉटलाइन, ऑस्कर, कैल्ट्रोन, कोणार्क, सोनी तथा फिलिप्स पर्याय तो उपलब्ध कराते थे, लेकिन जहां तक बिक्री का सवाल है, ये बाजार में अपना उचित स्थान अभी तक नहीं बना पाए हैं।

संदर्भ

1. अधिक विवरण के लिए देखें : इलैक्ट्रानिक्स विभाग के कार्य दल की रिपोर्ट: आठवीं पंचवर्षीय योजना (1990-95), इलैक्ट्रानिक उद्योग, नयी दिल्ली, अगस्त 1989, पृष्ठ 20 तथा 28।

2. उपर्युक्त।

3. टी०वी० व्यापार जर्नल, मार्च 1990, पृष्ठ 11 ।

4. टी०वी० व्यापार जर्नल, जून 1990, पृष्ठ 32 ।

5. टी०वी० व्यापार जर्नल, जुलाई 1990, पृष्ठ 8। रंगीन टी०वी० सैटों की इतनी कम बिक्री के लिए इन सैटों की ऊंची कीमत ही प्रमुख कारण बताया गया है। ये कीमतें इसलिए भी ऊंची हैं क्योंकि सरकारी कर भी जमकर लगाये जाते हैं। 1989-90 में एक सैट की कुल कीमत पर कर की मात्रा किसी-न-किसी तरह 55 प्रतिशत तक जा पहुंचती थी। (देखें टी०वी० व्यापार जर्नल, अप्रैल 1990, पृष्ठ 9)।

6. पिछले कुछ वर्षो में श्याम-श्वेत टी०वी० सैटों तथा श्याम-श्वेत पिक्चर ट्यूबों का निर्यात काफी हुआ है। सरकार ने निर्यात को बढ़ावा देने के लिए अलग से इलैक्ट्रानिक्स एवं सॉफ्टवेयर निर्यात संवर्द्धन परिषद् स्थापित की है।

7. अधिक विवरण के लिए देखें : इलैक्ट्रानिक्स विभाग के कार्य दल की रिपोर्ट, आठवीं पंचवर्षीय योजना (1990-95), इलैक्ट्रानिक उद्योग, नयी दिल्ली, अगस्त 1989, पृष्ठ 30।

8. इलैक्ट्रानिक्स विभाग, इलैक्ट्रानिक उद्योग तथा योजना, अप्रैल 1991, खंड 18, क्रम संख्या 17, पृष्ठ 399-402।

9. जैसा कि 21 मई 1990 को राज्य सभा में दिये गये अतारांकित प्रश्न के उत्तर में बताया गया था, 1989 में रंगीन टी०वी० सैटों की विनिर्माण इकाइयों की संख्या 129 थी।

2

तुलनात्मक परीक्षण : इससे क्या अभिप्राय है?

भूमिका

आम तौर पर अब सभी जानते हैं कि रोजमर्रा की जरूरत में आने वाले विभिन्न उपभोक्ता उत्पादों का प्राय: सभी औद्योगिक देशों में तुलनात्मक परीक्षण किया जाता है। इन परीक्षणों के निष्कर्ष उपभोक्ता समूहों के प्रकाशनों के माध्यम से सीधी-सादी भाषा में जनता तक पहुंचाया जाता है। ये उपभोक्ता समूह स्वैच्छिक तथा गैर-सरकारी संगठन होते हैं। यह जानकारी रेडियो तथा दूरदर्शन के माध्यम से भी पहुंचाई जा सकती है।

घरेलू उपभोक्ता-उत्पादों के तुलनात्मक परीक्षण के पीछे उद्देश्य यह रहा है कि उपभोक्ता किसी चीज़ को खरीदते समय प्राप्त जानकारी के आधार पर बढ़िया से बढ़िया चीज़ कम से कम दामों में चुन सके। टेलीविजन जैसे इलैक्ट्रानिक उत्पाद तो काफी पेचीदा होते हैं। इसलिए उन्हें खरीदते समय सिर्फ छूकर या सूंघकर देख लेने से बात नहीं बनती, जैसे कि हम सेब या संतरे खरीदते समय करते हैं। दरअसल, कोई पेचीदा विनिर्मित वस्तु खरीदते समय हमारे पास तथ्यात्मक जानकारी होनी चाहिए– कि वह उत्पादन कितनी कीमत का होना चाहिए और उस पर कितना भरोसा किया जा सकता है। ऐसी जानकारी आम तौर पर विनिर्माता से उपलब्ध नहीं हो सकती क्योंकि वह तो यही चाहेगा कि उसका उत्पाद किसी-न-किसी तरह बिके। इसलिए जरूरत यह है कि विभिन्न विनिर्माताओं तथा विक्रेताओं द्वारा बेचे जाने वाले उत्पादों की निष्पक्ष जांच हो।

अब तक इलैक्ट्रानिक पुर्जों तथा उत्पादों की जांच सरकार द्वारा स्थापित प्रयोगशालाओं में होती रही है और यह जांच विनिर्माता स्वयं ही करवाते थे। उपभोक्ता परीक्षण सेवाओं का लाभ नहीं उठा सकते थे क्योंकि ये बहुत महंगी थी और उपभोक्ता के पास इतना तकनीकी ज्ञान नहीं था कि पहले तो वह यह जांच करवाये और फिर उस जांच के परिणामों को समझे। ऐसे हालात में उम्मीद यही की जाती थी कि उपभोक्ता संगठन ही ऐसे परीक्षण करवायें

ताकि जन-साधारण को आपस में प्रतिस्पर्धा कर रहे ब्रांडो के बारे में निष्पक्ष वस्तुपरक जानकारी मिल सके।

इस दृष्टि से 'वायस' (वॉलंटरी आर्गनाइज़ेशन इन इंटरेस्ट ऑफ कंज़्यूमर एजूकेशन) ने बर्लिन की एक संस्था स्टिफटुंग वारेनटेस्ट, ब्रसल्स की बर्बुइकरसुनी एसोसिएशन देस केसोमेट्योर्म तथा ब्रिटेन की कंज़्यूमर्स ऐसोसिएशन से अपने संपर्कों के आधार पर दिसम्बर 1988 में रंगीन टेलीविजन सैटों के तुलनात्मक परीक्षण के लिए एक प्रायोगिक परियोजना तैयार की। इसे जनवरी 1989 में भारत सरकार को पेश किया गया। इसके बाद जल्द ही एक सचिव स्तर की बैठक हुई जिसमें विभिन्न सरकारी विभागों के अधिकारियों तथा स्वैच्छिक उपभोक्ता संगठनों ने भाग लिया। इस बैठक में यह सिफारिश की गयी कि स्वैच्छिक उपभोक्ता समूहों द्वारा तुलनात्मक परीक्षण का आयोजन वांछनीय है और सरकार को चाहिए कि वह इसे बढ़ावा दे। अप्रैल में .स्टिफटुंग वारेनटेस्ट ने पुष्टि की कि वह 'वायस' को उसके परीक्षण कार्यक्रम में और उसके निष्कर्षों को रिपोर्ट के रूप में प्रकाशित करने में सहायता देगा।

जनवरी 1990 में भारत सरकार ने प्रायोगिक परियोजना की जाँच के लिए एक अंतर-मंत्रालय समिति का गठन किया। समिति की अध्यक्ष खाद्य तथा नागरिक संभरण मंत्रालय की संयुक्त सचिव श्रीमती साथी नायर थीं। इसके अन्य सदस्य थे : इलैक्ट्रानिक विभाग के अतिरिक्त निदेशक श्री एल.एन.जिंदल; एस.टी.क्यू.सी. के संयुक्त निदेशक श्री ए.एस.सूद; 'वायस' के संयोजक डॉ० श्रीराम खन्ना; उपभोक्ता मंच (कंज़्यूमर फोरम) के श्री ज्ञान पंडित; इटमा (अब सेटमा) के सचिव श्री डी०एम० पाठक; बी०पी०एल० के निदेशक श्री विश्वनाथ नंबियार; बी. आई. एस. के निदेशक श्री हरचरण सिंह; एस.टी.क्यू.सी. के एस० एस० ओ० श्री डी. एस. राजशेखर (सदस्य-सचिव)।

समिति ने विनिर्माताओं से प्राप्त टिप्पणियों के संदर्भ में परीक्षण कार्यक्रम के विवरण तैयार करने के लिए जुलाई, 1990 में एक उपसमिति गठित की। इस उपसमिति के संयोजक श्री ए.एस.सूद, संयुक्त निदेशक एस.टी.क्यू.सी. थे। अन्य सदस्यों के रूप में इसमें सी.एस.कालरा, सम्पादक, यूनीवर्सिटी टूडे; श्री जे.टी. डेविडसन, संयुक्त निदेशक बी.आई.एस. तथा इटमा (अब सेटमा) के एक प्रतिनिधि को शामिल किया गया।

अंतर-मंत्रालय समिति की 18 अप्रैल, 25 जून, 28 सितम्बर और 10 अक्तूबर, 1990 को मीटिंग हुई। समिति ने प्रतिवेदन को अंतिम रूप दिया और 11 दिसम्बर, 1990 को वॉयस की प्रायोगिक .परियोजना के क्रियान्वयन

की सिफारिश की। फरवरी 1991 में इलेक्ट्रानिक्स विभाग ने भारत सरकार द्वारा प्रायोगिक परियोजना की स्वीकृति का निर्णय संप्रेषित किया। मार्च में नागरिक आपूर्ति विभाग ने इसे अपनी स्वीकृति प्रदान की। प्रायोगिक परियोजना के क्रियान्वयन अप्रैल 1991 में शुरू हुआ और अगले डेढ़ वर्षों में पूरा हो गया।

तुलनात्मक परीक्षण की गुंजाइश और इसका उद्देश्य

तुलनात्मक परीक्षण आम तौर पर तभी अपेक्षित होता है जब किसी उत्पाद के एक से अधिक ब्रांड या मॉडल हों, हालांकि यह अकेले ब्रांड या मॉडल पर भी किया जा सकता है। यह परीक्षण कार्यक्रम एक वक्त में 10 से 20 ब्रांडों पर लागू किया जा सकता है। इसका मुख्य उद्देश्य तो यही है कि उपभोक्ताओं को प्रतिस्पर्धा में आये ब्रांडों की गुणवत्ता के बारे में जानकारी प्रदान करना ताकि वे अपनी जरूरत के मुताबिक सबसे बढ़िया ब्रांड खरीद सकें। दूसरा उद्देश्य यह है कि स्वयं विनिर्माताओं को भी पता चले कि उनके उत्पाद की गुणता क्या है ताकि वे उसे और बढ़िया बना सकें। एक तीसरा उद्देश्य भी है, और वह यह कि उन सभी सरकारी प्रतिष्ठानों, मानक संगठनों तथा अन्य संगठनों तक अपेक्षित जानकारी पहुंचाना जो उत्पादों की गुणवत्ता बनाये रखने तथा उसे बेहतर बनाने से संबंधित है।

रंगीन टी०वी० सैटों का तुलनात्मक परीक्षण

जर्मनी की स्टिफटुंग वारेनरटेस्ट नाम की स्वैच्छिक उपभोक्ता संस्था से प्राप्त अनुभव के आधार पर 'वॉयस' ने रंगीन टी०वी० सैटों के तुलनात्मक परीक्षण का कार्यक्रम शुरू किया और इसे भारत सरकार के इलैक्ट्रानिक्स विभाग के मानकीकरण, परीक्षण तथा गुणवत्ता नियंत्रण (एस.टी.क्यू.सी.) के महानिदेशक से तकनीकी सहायता से भारतीय स्थितियों के अनुकूल ढाला। स्टिफटुंग वारेनटेस्ट ने तकनीकी विशेषज्ञ डॉ० श्विर्टज परीक्षण प्रयोगशाला में पहले 1991 में 4 नवम्बर से 8 नवम्बर तक रहे और फिर 1992 में जनवरी के आखिरी सप्ताह में आए। पहली बार में उनकी सलाह से 'सबजेक्टिव व्यूइंग टेस्ट' की कार्य-पद्धति की शुरूआत की गयी, और उन्होंने छोटे-मोटे परिवर्तन करने के लिए जो-जो सुझाव दिये, उन्हें अमल में लाया गया। पूरे परीक्षण के दौरान वह मौजूद भी रहे। दूसरी बार हमारे तकनीकी सलाहकार ने उनके साथ मापित आधार सामग्री (मेज़र्डडाटा) के वर्गीकरण तथा अंकन विधि के बारे में विस्तार से बातचीत की। डॉ० श्विर्टज् ने माप-मूल्यों (मेज़रमेंट वेल्यूज़) वाले दत्त पत्रक (डाटा शीट्स) की एक-एक विवरण पर बारीकी से गौर किया और इस दिशा में किये गये समूचे प्रयासों को बहुत सराहा।

दरअसल, तुलनात्मक परीक्षण कार्यक्रम वही उपभोक्ता संगठन अपने हाथ में ले सकते हैं जो विनिर्माताओं और विक्रेताओं के प्रभाव से बाहर हों। इस काम में उन्हें तकनीकी विशेषज्ञों तथा मान्यता प्राप्त परीक्षण प्रयोगशालाओं की मदद लेनी होती है। हां, इस बात का खास ख्याल रखना पड़ता है कि इस कार्य में उन व्यावसायिक संस्थाओं का जिनके हित इससे जुड़े हुए हों अनुचित दखल न पड़े। 'वॉयस' एक ऐसा स्वैच्छिक उपभोक्ता संगठन है जिसे एम.आर.टी.पी.(एकाधिकार और प्रतिबंधित व्यापार) अधिनियम के तहत भारत सरकार से मान्यता प्राप्त हैं। यह व्यापारिक या निगमित संस्थाओं से किसी प्रकार का आर्थिक सहयोग नहीं लेता और उपभोक्ता संघों के अन्तर्राष्ट्रीय संगठन द्वारा निर्धारित कसौटी पर पूरा उतरता है।

तुलनात्मक परीक्षण कार्यक्रम के अंतर्गत विभिन्न तेरह ब्रांडों के रंगीन टी०वी० सैटों को चुना गया। यह चुनाव उन्हीं ब्रांडों तक सीमित रखा गया जिनका आमतौर पर एक ही तरह काम होता है, तथा जिनके बारे में विनिर्माताओं की ओर से यह सुनिश्चित किया जा चुका है कि उनके ब्राँडों के अन्तर्गत बनाये गए सभी सैटों ने गुणवत्ता और सुरक्षा का एक निश्चित न्यूनतम स्तर प्राप्त कर लिया है। मान्यता प्राप्त अन्तर्राष्ट्रीय सिद्धांत यह है कि तुलनात्मक परीक्षण के लिए चुने गये उत्पाद का एक ही नमूने को आधार बनाया जाये। इसलिए 'वॉयस' ने बाजार में जाकर टी०वी० सैट खरीदने वाले एक साधारण ग्राहक के समान नमूने के टी.वी. सैट उसी तरह खरीदे जैसे कि खुदरे व्यापारियों से साधारण ग्राहक खरीदते हैं। इस बात का खास ख्याल रखा गया कि परीक्षण के लिए विशेष रूप से तैयार किये गये नमूने शामिल न किये जायें। इसलिए उन्हें खुले बाजार में ही खरीदा गया।

परीक्षण करते समय टी०वी० रिसीवरों के उन्हीं पहलुओं पर गौर किया गया जो उपभोक्ता के लिए बहुत जरूरी होते हैं, जैसे– कार्यक्षमता, सुरक्षा, प्रयोग-सुविधा तथा कीमत। परीक्षण किये गये हर उत्पाद के मूल्यांकन की कसौटी स्पष्ट कर दी गई है। जिन दूसरे पहलुओं पर गौर किया गया है, वे हैं – विज्ञापन दावे, कानूनी आवश्यकताएं, स्तर, विश्वसनीयता, रख-रखाव (सर्विसिंग) सेवा, गारंटी, कल-पूर्जों की उपलब्धता, पैकेजिंग, लगाने की व्यवस्था तथा इस्तेमाल-संबंधी हिदायतें।

परीक्षण विधियां

परीक्षण के उन्हीं तरीकों को वरीयता दी जाती है जिनकी आई.ओ.सी.

यू. से मान्यता-प्राप्त तकनीकी संस्थाओं (जैसे कि आई.एस.ओ., आई.ई.सी., राष्ट्रीय मानक संगठन) तथा तकनीकी पत्रिकाओं में प्रकाशित लेखों ने सिफारिश की है।

मानक परीक्षण विधियों को इस्तेमाल में लाने का एक लाभ यह है कि वे आमतौर पर जानी-समझी होती हैं। इसलिए उन्हें लेकर ज्यादा विवाद भी खड़े नहीं होते। संबंधित विनिर्माताओं या उनके संगठन से भी राय ली जा सकती है, लेकिन परीक्षण विधि संबंधी आखिरी फैसला उपभोक्ता संघ के हाथ में ही रहना चाहिए। जहां तक रंगीन टी०वी० सैटों का ताल्लुक था, परीक्षण कार्यक्रम भारतीय टेलीविजन निर्माण संघ (इटमा, अब सैटमा–कंज़्यूमर इक्विपमेंट एंड टेलीविज़न मैन्यूफैक्चररर्स एसोसियेशन) को उपलब्ध करा दिया गया था। पर यह संघ इस योजना में शामिल नहीं हुआ। लेकिन खुशी की बात यह है कि कुछ विनिर्माताओं ने 'वॉयस' को सहयोग दिया और उसके इस तुलनात्मक परीक्षण कार्यक्रम में रूचि दिखायी। बाद में इस कार्यक्रम की अलग-अलग विनिर्माताओं को जानकारी दी गयी और परीक्षण कार्यक्रम अपनाते समय समिति ने उनकी टिप्पणियों पर अच्छी तरह विचार किया।

एक के बाद एक स्मरण-पत्र देने और विस्तृत विचार-विमर्श करने के बाद आखिर भारत सरकार ने 10 दिसम्बर, 1990 को 'वॉयस' के रंगीन टी०वी० सैटों के तुलनात्मक परीक्षण संबंधी प्रस्ताव को मंजूर कर लिया। जिसके द्वारा आपेक्षिक महत्त्व और परीक्षण योजना संबंधी पूर्व विचारित ब्यौरे को औपचारिक स्वीकृति प्राप्त हो गई। अलग-अलग निर्माताओं से मिले सहयोग की सराहना करते हुए 'वॉयस' ने अपनी ओर से इटमा (अब सैटमा) को आश्वासन दिया कि परीक्षण कार्यक्रम हर दृष्टि से विश्वसनीय होगा। इस परियोजना के कार्य-संचालन पर आंख रखने के लिए एक निगरानी समिति (ओमबड्समैन कमेटी) भी बनाई गयी जिसमें सरकारी और गैर-सरकारी, दोनों तरह के सदस्य थे। ये सदस्य थे : प्रो० उपेन्द्र बक्शी, दिल्ली विश्वविद्यालय के कुलपति (अध्यक्ष); श्री एच. डी. शौरी, निदेशक, कॉमन कॉज़ (सदस्य) तथा श्री प्रितीश नन्दी, पत्रकार (सदस्य)। विशेष आमंत्रित व्यक्ति थे : ई.आर.टी.एल. (एन) तथा एस.टी.क्यू.सी. के प्रतिनिधि तथा 'वॉयस' परियोजना दल के सदस्य।

'वॉयस' का विचार है कि भारत में विनिर्मित रंगीन टी०वी० सैटों के निर्यात की बढ़ती संभावना को देखते हुए अनिवार्य है कि रंगीन टी०वी० सैटों के तुलनात्मक परीक्षण कार्यक्रम को विनिर्माताओं का औपचारिक तथा सक्रिय सहयोग प्राप्त हो। अंततोगत्वा इसका लाभ इस उद्योग को ही मिलेगा क्योंकि इससे उसे

अपनी कमियों का पता चल जायेगा और विदेशी खरीददार के लिए यह अपने उत्पाद को और बढ़िया बना सकेगा जो निर्यात की बढ़ोतरी के लिए बहुत जरूरी है।

परीक्षण निष्कर्ष – सत्यापन और प्रस्तुतीकरण

दोषपूर्ण या गलत नमूनों के परिणामों से भ्रम फैलने की संभावना को कम करने के लिए परीक्षण परिणामों का सत्यापन आवश्यक है। इस उद्देश्य की पूर्ति के लिए एहतियाती कदम उठाये गये जैसे तकनीकी विशेषज्ञों द्वारा प्रारूप रिपोर्ट की जांच; इस तथ्य की जांच कि किसी नमूने में पाये गये दोष डिजाइन की निकृष्टता के कारण हैं या कि गलत विनिर्माण-तरीकों के कारण; विनिर्माताओं को उनके उत्पादों के बारे में परीक्षण परिणामों की सूचना देना तथा रिपोर्ट को जनसाधारण तक पहुंचाने से पहले विनिर्माताओं से उनकी टिप्पणी की मांग करना।

पश्चिमी देशों में परीक्षण परिणामों का सत्यापन करने के बाद उन्हें उपभोक्ता संगठनों की पत्र-पत्रिकाओं में प्रकाशित किया जाता है। जैसे : 'कंज़्यूमर्स रिपोर्ट' जो अमरीका में उपभोक्ता यूनियन द्वारा प्रकाशित की जाती है; 'हिवच' जो ब्रिटेन में उपभोक्ता एसोसियेशन द्वारा प्रकाशित होती है ; 'टैस्ट' जो जर्मनी में स्टिफटुंग वारेनटेस्ट द्वारा प्रकाशित होती है; बेल्जियम में प्रकाशित होने वाली 'टैस्ट अचाट्स', इत्यादि। लेकिन भारत में अभी ऐसे प्रकाशन अस्तित्व में नहीं आये, क्योंकि उपभोक्ता संगठन अभी अपने शैशव काल में हैं।

रंगीन टी.वी. सैटों संबंधी तुलनात्मक परीक्षण की 'वॉयस' द्वारा तैयार की गई रिपोर्ट 'रंगीन टी.वी. क्रय निर्देशिका-उपभोक्ताओं के लिए' नामक इस पुस्तिका के प्रथम भाग में पेश की गयी है। हर टी०वी० सैट के परीक्षण की रिपोर्ट संबंधित विनिर्माताओं को यथासमय भेज दी गयी थी। जिन विर्निमाताओं ने हमारी रिपोर्ट पर अपनी प्रतिक्रिया प्रकट की, हम उनके आभारी हैं। परीक्षण-निष्कर्षों पर उनकी टिप्पणियां तथा हमारे उत्तर इसी पुस्तिका में तुलनात्मक परीक्षण के निष्कर्षों के साथ प्रकाशित किये जा रहे हैं।

3

तुलनात्मक परीक्षण के लिए रंगीन टी०वी० सैटों के ब्रांडों का चुनाव

तुलनात्मक परीक्षण के लिए रंगीन टी०वी० सैटों के ब्रांडों का चुनाव 'वॉयस' परियोजना दल के एक सदस्य डॉ० एस.के.जैन के मार्केट सर्वेक्षण पर आधारित था। इस सर्वेक्षण का उद्देश्य था तुलनात्मक परीक्षण के लिए भारत के प्रमुख रंगीन टी०वी० सैटों का चुनाव करना। क्योंकि परीक्षण का उदेश्य यह था कि रंगीन टी०वी० सैट के अधिकांश उपभोक्ताओं को खरीदते समय सुविधा रहे इसीलिए यह अध्ययन केवल मानक रंगीन टी०वी० सैटों, यानी 51 से०मी० (20") के सैटों तक सीमित रखा गया था। दूसरे, यह अध्ययन बिना रिमोट कंट्रोल वाले सैटों तक सीमित रखा गया। वैसे तो रिमोट कंट्रोल वाले रंगीन टी०वी० सैट भी मार्केट में उपलब्ध हैं, लेकिन इन्हें अध्ययन की परिधि में नहीं रखा गया, क्योंकि एक तो इनकी कीमत तुलनात्मक रूप से अधिक है और फिर ये ज्यादातर ऊपरी तबके के लोगों के यहां ही पाये जाते हैं।

इन सैटों की कीमत का पता लगाने के लिए दिल्ली के पच्चीस थोक और खुदरा विक्रेताओं का प्रायोगिक सर्वेक्षण किया गया। इससे पता चला कि अधिकांश मॉडल 10,500 रुपये से 14,000 रुपये के बीच उपलब्ध हैं। तुलना की दृष्टि से टी०वी० व्यापार जर्नल (मई 1991) में दी गई कीमतों पर भी गौर किया गया। ये कीमतें हमारे द्वारा प्राप्त जानकारी के काफी करीब थीं। यहां यह भी उल्लेखनीय है कि मांग कम होने के कारण जिन विक्रेताओं के यहां हम सर्वेक्षण के लिए गये थे, उन्होंने हर सैट पर 400 रुपये से 800 रुपये तक की रियायत देने की भी पेशकश की।

सर्वेक्षण के दौरान विक्रेताओं के यहां उपलब्ध रंगीन टी०वी० सैटों की विशेषताओं को रेखांकित करने वाली सूचीपत्रों से आवश्यक जानकारी भी एकत्रित की गयी। किंतु हर मॉडल के बारे में जानकारी उपलब्ध नहीं थी, और जहां उपलब्ध भी थी, वह पर्याप्त नहीं थी या मानकीकृत रूप में नहीं थी। इसलिए

तुलनात्मक परीक्षण के लिए उसे आधार नहीं बनाया जा सकता था। विज्ञापनों या सूची-पत्रों में उल्लिखित अधिकांश विशेषताएं विनिर्माताओं की खुद की उपज थीं जिनका उद्देश्य केवल यही था कि उनके उत्पाद दूसरे विनिर्माण-कर्त्ताओं के उत्पाद से अलग दिखें और उनके ब्रांड के प्रति ग्राहक आकर्षित हों।

खरीदे गये ब्रांड और मॉडल

विभिन्न ब्रांडों के रंगीन टी०वी० सैटों के विभिन्न मॉडलों की विशेषताओं की पूरी जानकारी मानकीकृत रूप में उपलब्ध न होने के कारण और दूसरे, क्रय-राशि की कमी होने के कारण यही फैसला किया गया कि प्लास्टिक की कैबिनट वाले, 51 से.मी. के कम-से-कम कीमत वाले मॉडल ही खरीदे जायें। दूसरे शब्दों में, निम्नलिखित प्रमुख ब्रांडों के तेरह मॉडलों को ही तुलनात्मक परीक्षण के लिए खरीदने का फैसला किया गया। ये हैं :-

क्रम सं.	ब्रांड का नाम	खरीदा जाने वाला मॉडल
1.	वीडियोकॉन	5104. ई
2.	ओनीडा	ई.सी.एन. 9003
3.	बी.पी.एल.	सी.टी. 9003
4.	बुश	सी.टी. 3006
5.	क्राउन	सी.टी. 701 डी. एक्स
6.	टी. सीरीज	7071
7.	सोलिडेयर	कैट.2000 एन.आर
8.	टैक्सला	सी.पी. 202 ई
9.	ऑपटोनिका	सी.एस. 5112
10.	वैस्टन	सिट्रोन V
11.	अपट्रोन	यू.वी. 654
12.	नैल्को	सी.टी. 2039 डी
13.	डायनोरा	2051-एस

कुल मिलाकर इन तेरह ब्रांडों की 1990 में बाजार में 78% की हिस्सेदारी थी।

4

रंगीन टी०वी० सैटों की खुदरा कीमतें

दिल्ली में विभिन्न ब्रांडों के रंगीन टी०वी० सैटों की खुदरा कीमतें जानने के लिए 1992 बजट से पूर्व सर्वेक्षण किया गया। 'वॉयस' के स्वयंसेवक टी०वी० सैटों के अनेक विक्रेताओं के पास सर्वेक्षण के अंतर्गत लिये गये हर ब्रांड के हर मॉडल की कीमत जानने के लिए गए। ये स्वयंसेवक ग्राहक के रूप में गये थे और रंगीन टी०वी० सैट खरीदने में पूरी रुचि दिखा रहे थे। बातचीत करते समय उन्होंने विक्रेताओं से यह भी जानना चाहा कि वे उन्हें कितनी छूट दे सकते हैं। जो भी रकम बतायी गयी, उसे उन्होंने वहीं दर्ज कर लिया। संलग्नक में दी गयी सारणी में फरवरी 1992 के दौरान बजट-पूर्व कीमतें दी गयी हैं।

कुछ स्वयंसेवकों के द्वारा सर्वेक्षण के बाद दी गई टिप्पणियाँ यह जानने के लिए प्रासंगिक हैं कि खुदरा विक्रेताओं के स्तर पर टी०वी० मार्केट किस तरह काम करती है। संदीप सिन्हा एक स्वयंसेवक थे। वह सर्वेक्षण के लिए यमुना-पार तथा नयी दिल्ली की सरोजिनी नगर मार्केट के 19 विभिन्न विक्रेताओं के पास गये। उनका कहना है,"जब हम किसी दुकान में दाखिल हुए तो हमें बी.पी.एल, ओनीडा जैसे आम मिलने वाले ब्रांड दिखाये गये। लेकिन जब हमने टैक्सला, डायनोरा इत्यादि के बारे में पूछा तो उत्तर 'न' में था, हालांकि इन ब्रांडों को उन्होंने वहां प्रदर्शित किया हुआ था। जब हमने उनसे किसी विशेष मॉडल की कीमत बताने को कहा तो उन्होंने पहले कीमत ही बतायी। इसके बाद हमने जब यह जानना चाहा कि ज्यादा से ज्यादा छूट वे कहां तक दे सकते हैं, तो सभी विक्रेताओं ने एक ही ढंग अपनाया–कि यह बात वे तभी करेंगे जब हम टी०वी० सैट वाकई खरीदेंगे।" इससे लगता यही था कि असली खरीद के समय छूट की यह रकम और भी बढ़ सकती थी। संदीप सिन्हा कुछ विक्रेताओं के पास 1992 का केन्द्रीय बजट पेश होने से कुछ ही दिन पहले गये। उनका कहना है कि कई ग्राहक मुख्यतः इन विक्रेताओं के पास इन सैटों की खुदरा कीमत पूछने ही जाते थे। स्पष्ट था कि उन्हें कीमतें

बढ़ने का डर था और वे बजट पेश होने से पहले ही खरीद कर लेना चाहते थे। विक्रेता इस स्थिति का भरपूर लाभ उठा रहे थे और ग्राहकों से आग्रह कर रहे थे कि वे बजट पेश होने से पहले ही अपना सैट ले लें, क्योंकि बजट पेश होने के बाद कीमतें बढ़ जायेंगी। यहां यह बात ध्यान देने योग्य है कि विक्रेता अपनी बिक्री बढ़ाने का हर अवसर का उपयोग करते हैं, और बजट पेश होने से पहले का महीना उन्हें ऐसा अवसर प्रदान करता है।

सर्वेक्षण दल के एक और स्वयंसेवक श्री अंबर ज्योति ने दक्षिणी दिल्ली में कालकाजी, ईस्ट ऑफ कैलाश तथा लाजपतनगर के इलाकों में गए। लाजपतनगर की सैंट्रल मार्केट के विक्रेता के साथ उनका जो अनुभव हुआ, वह इस प्रकार है। उन्होंने बी.पी.एल ब्रांड के रिमोट कंट्रोल रहित मॉडलों के बारे में जानकारी चाही। कीमतें बताने के बाद विक्रेता ने उससे कहा कि वह किसी प्रकार की कोई छूट नहीं देगा। लेकिन श्री ज्योति छूट के लिए आग्रह करते रहे। उनके अनुसार,"बार-बार आग्रह करने पर वह 200 से 300 रुपये तक की छूट देने के लिए तैयार हो गया। दूसरे विक्रेताओं ने इससे बिल्कुल भिन्न छूट बतायी थीं। मैंने यह बात उसे बताई। उसने कहा कि कुछ विक्रेता इसलिए कम कीमतों पर देने को तैयार हो जाते हैं क्योंकि वे अफगान तथा दूसरे लोगों को कुछ महीनों के लिए अपने सैट किराये पर दे देते हैं और बाद में उन्हीं सैटों को भोले-भाले ग्राहकों को कम कीमत पर बेच देते हैं।" विक्रेता ने श्री ज्योति से यह भी कहा कि कोई भी सैट खरीदने से पहले वह उसका सीरियल नंबर तथा बीजक (इनवायस) देख लें। इससे साफ पता चल जायेगा कि वह सैट नया है या पुराना है।

इस सर्वेक्षण दल के अगुआ श्री दीपक खंडेलवाल थे। उन्होंने सर्वेक्षण के अंत में यह बताया,"नयी दिल्ली के साऊथ एक्स्टेंशन में एक प्रतिष्ठित दुकान है। वहां ग्राहक को कई तरह के सैट देखने को मिलते हैं। दक्षिणी दिल्ली के रहने वाले उस दुकान से अच्छी तरह परिचित हैं। उसका इतना नाम होने पर भी वहां के सेल्समैन ने काफी ज्यादा कीमतें बतायीं जिससे मुझे हैरानी हुई। मुझे कुछ शक हुआ। इसलिए मैंने मालिक से बात की। मालिक ने सेल्समैन की पुष्टि की, पर वह 200 से 300 रुपये तक की छूट देने को तैयार हो गया। लेकिन छूट के बावजूद वहां की कीमतें कंपनी द्वारा इंगित खुदरा कीमतों से अधिक थीं।"

इस अनुभव से पता चलता है कि चाहे विक्रेता कितना भी नामी हो अपना सैट खरीदते समय चार-पाँच अलग-अलग दुकानों से कीमतें पूछ लेनी चाहिए।

यह इसलिए कि विभिन्न विक्रेताओं द्वारा बेचे जाने वाले मॉडल तो वही होते हैं। इसलिए उनकी विशिष्टताओं या कार्यक्षमता में भी कोई अंतर नहीं होना चाहिए। श्री खंडेलवाल ने एक बात और भी कही। उनका कहना था कि कम नाम वाले ब्रांडों को बेचने वाले विक्रेता भी कम होते हैं। ज्यादातर विक्रेता तो अच्छे नाम वाले ब्रांडों –जैसे ओनीडा, बी.पी.एल., बुश तथा वीडियोकान, को खरीदने पर ही जोर देते थे जो सर्वेक्षण वाले क्षेत्र में भारी मात्रा में उपलब्ध थे।

संक्षेप में सर्वेक्षण से मुख्य निष्कर्ष यह मिला कि लगभग हर विक्रेता अपनी पहली बतायी गयी कीमतों में छूट देने को तैयार हो जाता है। सबसे ज्यादा अंतर नैल्को तथा क्राउन जैसे ब्रांडों की कीमतों में था, क्योंकि ये मार्केट में पर्याप्त मात्रा में उपलब्ध नहीं थे। लेकिन टी-सीरीज तथा ई.सी. टी०वी० की कीमतों में एक दुकान से दूसरी दुकान में ज्यादा अंतर नहीं था।

बहुत कम ही विक्रेता कंपनी की मूल्य सूची आसानी से दिखाने को तैयार होते थे। केवल दरियागंज के दो विक्रेता ही ऐसे थे जिन्होंने ग्राहक की तसल्ली के लिए दीवार पर मूल्य सूची चिपका रखी थी।

इसके अतिरिक्त यह बात भी थी कि कम कीमत वाले ब्रांड आसानी से उपलब्ध नहीं थे। वैस्टन टी.वी. मुख्यत: कुछ खास दुकानदार ही निर्धारित थे। उन दुकानों पर जहां दूसरे ब्रांड भी बेचे जाते थे, इस ब्रांड का मिलना बहुत कठिन था।

मार्च 1993 बजट के बाद का परिदृश्य

1993 का बजट पेश होने के बाद हमने पाया कि विक्रेता आने वाले ग्राहकों का अब अधिक स्वागत कर रहे थे और उनकी बात अच्छी तरह सुन रहे थे।

दुकानदारों के अनुसार अब उनके द्वारा बताई गई कीमतें बजट के बाद कीमतों में की गई कटौती तथा छूट को मिलाकर है। और पूछताछ करने पर विक्रेता बजट-बाद की कंपनी की कीमतें बताने में आनाकानी करते। इसलिए यह ठीक-ठीक पता नहीं चल रहा था कि कंपनी की असली कीमतें क्या हैं। इससे उसी ब्रांड की कीमत में अलग-अलग दुकान पर काफी अंतर मिलता था।

हां, यह बात जरूर थी कि अलग-अलग दुकानदारों ने जो छूट की सीमा बतायी, वह लगभग एक जैसी ही थी, और 1992 में बजट-पूर्व काल में भी यही देखने को मिला था।

साथ ही बाजार में चार-पांच ब्रांड ही ज्यादातर देखने को मिलते थे। बाकी के ब्रांडों को पाना मुश्किल हो रहा था।

1993 के बजट में कीमतों में जो कमी दिखायी गयी है, वह एक समान नहीं है। कुछ ब्रांडों के सभी मॉडलों की कीमतें लगभग एक ही अनुपात में घटाई गई जब कि अन्य ब्रांडों जैसे कि वीडियोकॉन, बी.पी.एल, टैक्सला तथा डायनोरा की कीमतों में असमान कटौती हुई है।

यह भी देखने में आया कि बाज़ार में टैक्सला के दो एक जैसे मॉडल हैं। एक पर आई.एस.आई का चिह्न है और दूसरा इसके बगैर है। आई.एस. आई वाला मॉडल बिना आई.एस.आई वाले मॉडल की तुलना में 1000 रुपये से 1500 रुपये तक महंगा है।

अंत में यही कहा जा सकता है कि यद्यपि रंगीन टी०वी० की कीमतों में उपभोक्ता के लाभ के लिए खासतौर पर कमी की गई है पर विक्रेता अब भी उपभोक्ताओं को चकमा देने से बाज़ नहीं आते। यह तो बहुत स्पष्ट है कि 1993 के बजट में उत्पादन शुल्क में की गई कटौती का मामूली सा हिस्सा ही उपभोक्ता तक पहुंचा।

रंगीन टी०वी० सैटों की बतायी गयी कीमतें संलग्नक

क्रम संख्या	ब्रांड का नाम	मॉडल	बतायी गयी कीमत फरवरी, 92	छूट के साथ कुल कीमत फरवरी, 92	बजट के बाद, छूट के साथ कुल कीमत मार्च, 93
(1)		(2)	(3)	(4)	(5)
1.	वीडियोकॉन	5103 ई	14,490 (सी) -14,800 (आर)	13,400-13,800	13,000-13,200
		5104 ई	14,690(सी)-16,400(आर)	13,600-13,720	11,500-12,800
		5105 ई	13,300 - 13,890	12,900-13,000	उपलब्ध नहीं
		5114 ई	14,690-14,990	13,700-13,800	11,700-12,800
		5302 ई	(19,200 आर) 17,090 (सी)17,490	15,500-16,090	उपलब्ध नहीं
		5301 ई	17,990 (सी) -18,900 (आर)	16,400-16,990	15,400 -15,900
		5102 ई	15,790 (सी)	14,790	13,500
		5303 ई	20,000 (आर)	19,600 (आर)	उपलब्ध नहीं
		1990	13,590 (सी)	12,490	उपलब्ध नहीं
		213 आर	18,390 (सी)	17,390	15,600-16,000
		291 आर	32,000 (आर)	31,000 (आर)	उपलब्ध नहीं
2.	ओनीडा	9999	15,430 (सी) -16,025	14,430-15,200	13,500-14,100
		1111	19,900 - 19,980	19,900	18,500-18,700
		4444	19,045	18,200	उपलब्ध नहीं
		21 एन आर	18,210-18,400	17,800-18,000	17,000
		एम एन आर	17,160-17,935 (सी)	16,700-17,200	उपलब्ध नहीं
		20 एन.आर	15,300-15,430	15,000	14,000-14,200
		एफ एस एन आर	19,000	18,300	17,500
		एम एक्स एन आर	16,025 (सी)	15,200	14,000-14,200
		333	–	–	16,600
3.	बी.पी.एल.	ई.सी.एन. 9003	16,348 (सी) -16,400	15,700-16,200	15,000-15,500
		डी.बी.एन 9007	17,994(सी) -18,600	17,200-17,800	17,000-17,400
		ई.सी.आर. 9002/ ई.बी.आर 9002	17,944(सी)	17,200	17,200
		डी.बी.आर. 8902	19,689(सी)	18,900-19,000	18,200
4.	बुश	सी.टी. 3006	14,400(सी) -14,900	14,100-14,400	13,200-13,800
		सी.टी. 3008	15,150(सी)	14,800-15,000	14,500
		सी.टी. 3009	16,800(सी)	16,500	16,000
		2094	15,400	14,900	14,000
		20 सी 308	15,800	15,200	14,500
		4002	–	–	17,500

(जारी...)

(1)		(2)	(3)	(4)	(5)
5.	**क्राउन**	सी टी 701 डी एक्स	14,400-14,900	13,750-14,500	उपलब्ध नहीं
		मॉनीटर रिसीवर	15,400-16,500	14,500-15,200	13,800-14,200
		कैरीना	16,000-18,000	15,500-16,800	15,000
		सी.टी. 701 एफ	13,800	13,000	12,800
		एफ एस 786	18,400	17,800	उपलब्ध नहीं
		कोजी डी एक्स	12,800	11,800	उपलब्ध नहीं
		पी.टी. 8010	–	–	13500-14000
		एफ एस 2176	–	–	17000-17500
6.	**टी.सीरीज़**	5171 ई	10,065	10,000	9,500
		5172	10,230	10,000	9,500
		5172 आर	11,220	11,000	10,200
		204 ई	11,440	11,200	10,600
		204 आर	12,650	12,400	11,800
		टी.सी. 7071	–	–	11,600-12,180
		टी.सी. 7072 ई	–	–	11,800-12,400
		टी.सी. 7072आर	–	–	12,400-13,000
		304 आर	–	–	14,000-14,500
7.	**टैक्सला**	सी.पी. 204 ई	13,500-13,700	12,700-13,000	11,800-12,000
		सी.पी. 202 ई	13,000-13,500	12,300-13,000	12,000-12,600
		सी.पी.205 आर (डिजिटैक्स)	–	–	13,000-13,700
8.	**ऑपटोनिका**	सी.एस 5712	15,100-15,200	14,400-14,600	14,000-14,200
		सी.एस.5414	15,800 सी-16,800	15,800-16,400	15,200-15,800
		सी.एस.5111डीएक्स	17,000-18,100	17,000-17,500	उपलब्ध नहीं
		सी.एस. 5421	18,000-19,500	18,000-19,000	16,900-17,500
		5115	–	–	14,900
		5112	–	–	13,800
9.	**वैस्टन**	सैट्रोन V	14,000-14,500	13,200-14,000	12,500-13,000
		सैट्रोन VII	15,500-15,800	14,400-15,400	13,800-14,500
		सैट्रोन XI	16,300	15,500	उपलब्ध नहीं
		सी.टी. 531 आर	17,500	16,800	15,900
10.	**अपट्रोन**	यू.वी. 654	13,960 (सी)	12,600-12,800	उपलब्ध नहीं
		8109 एस.एल.	14,600(सी)	13,200	12,500
		यू.वी. 606 एन	13,290 (सी)	11,990	11,200
11.	**नैल्को**	2161	18,500	17,500-18,000	उपलब्ध नहीं
		ब्ल्यू डायमंड	19,000-19,200	17,500-18,000	उपलब्ध नहीं

(जारी...)

(1)	(2)	(3)	(4)	(5)
	2157	19,500	18,800	उपलब्ध नहीं
	2041	19,000	18,200	उपलब्ध नहीं
	2045	18,000	17,200	उपलब्ध नहीं
12. डायनोरा	एल्फा	18,000-18,500	17,200-18,000	16,800-17,000
13. सैलोरा	प्राइड	16,000	15,500	उपलब्ध नहीं
14. ई.सी.टी.वी.	टी 2040	12,570 (सी)	11,900-12,200	उपलब्ध नहीं
	टी 2104	16,268 (सी)	15,600-16,000	"
	टी 2004	15,300(सी)	15,000	"
	टी 2072	14,279(सी)	14,000	"
	टी 2043	12,953	12,700	"
	2001	12,264	12,000	"
	2103	17,747	17,100	"
15. फिलिवीज़न	सी.टी.2020	15,425-16,489	15,000-16,000	14,500-15,000
	सी.टी.2050	17,900-17,930	16,600-17,500	उपलब्ध नहीं
	सी.टी.2121	19,635-19,700	18,600-19,200	18,000-18,500
	सी.टी.6360	–	–	16,500
	सी.टी.2010	–	–	15,200
	सी.टी.2021	–	–	16,000

5

अपने टी.वी. सैट को जानिए

हमने तेरह विभिन्न रंगीन टी.वी.सैटों को परखा है और उनकी कार्यक्षमता की आपस में तुलना की है। अगले खंडों में हमने अपने अध्ययन के निष्कर्षों पर चर्चा की है। इस खंड में हमने आपको इस तुलनात्मक अध्ययन में शामिल कुछ पहलुओं (पैरामीटर) की अवधारणा से परिचित कराने की कोशिश की है।

चित्र की गुणवत्ता

चित्र की गुणवत्ता के बारे में निर्णय लेते समय कई कारकों पर विचार करना पड़ता है। पहला कारक जिस पर ध्यान देने की जरूरत है, वह है ज्यामितिक विरूपण (जियोमैट्रिकल डिस्टार्शन)। जब यह विरूपण एक विशेष सीमा को पार कर जाता है तो टी.वी. का चित्र कुछ और ही दिखने लगता है और मूल चित्र से बिल्कुल नहीं मिलता है।

ज्यामितिक विरूपण साधारण तौर पर दो प्रकार के होते हैं। एक को चित्र-रूपरेखा विरूपण (पिक्चर आउटलाइन डिस्टार्शन) कहते हैं।

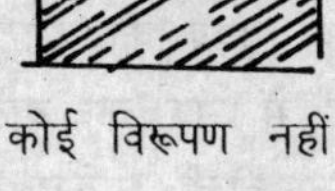

कोई विरूपण नहीं

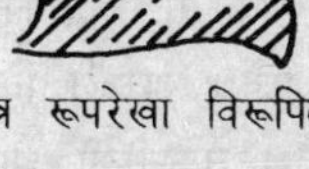

चित्र रूपरेखा विरूपित

ऊपर दिये गये चित्रों से इस विरूपण का अंदाज़ा लग सकता है।

दूसरे प्रकार के विरूपण को क्रमवीक्षण के कारण अरैखिकता विरूपण 'नॉन-लीनिएरिटी ड्यू टू स्कैनिंग' कहते हैं।

जो चित्र हम टी.वी. के पर्दे पर देखते हैं, वह कई नन्हें चित्र-अंशों

से बना होता है। जब इलैक्ट्रॉन किरणपुंज बायें से दायें और ऊपर से नीचे चलते हैं, तो हमारे सामने पर्दे पर प्रदीप्त चित्र उभर आता है। इलैक्ट्रानकिरण पूंज को आरी के दांते की तरह की स्कैनिंग वोल्टताएं बायें से दायें या ऊपर से नीचे की तरफ मोड़ देती हैं। अगर ये वोल्टताएं अरैखिक (नॉन-लीनियर) हों तो हमें विरूपण दिखाई पड़ेगा। इसे ही 'नॉन-लिनिएरिटी ड्यू टू स्कैनिंग' (क्रमवीक्षण के कारण अरैखिकता विरूपण) कहते हैं।

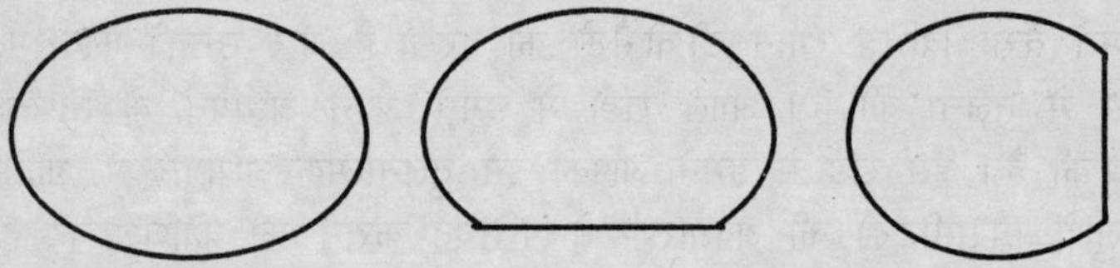

जैसा कि ऊपर चित्रों में दिखाया गया है, वृत्त को वृत्त के समान ही दिखना चाहिए और उसमें किसी प्रकार का ज्यामितिक विरूपण नहीं होना चाहिए। यदि ऊपर या नीचे का हिस्सा चपटा हो गया है तो ऊर्ध्वाधर (वर्टिकल) स्कैनिंग में अरैखिक विरूपण आ जाता है। इसी प्रकार यदि दायीं तरफ या बायीं तरफ यह चपटापन आ जाता है तो क्षैतिज (हॉरीज़टल) स्कैनिंग में बिगड़ाव आ जाता है। अपना सैट खरीदने से पहले आपको विक्रेता से यह अच्छी तरह जान लेना चाहिए कि ये विरूपण विनिर्दिष्ट सीमाओं के भीतर ही है न। बाद में अगर आपके सैट में किसी प्रकार का बिगड़ाव आ जाता है और आपको इस प्रकार के विरूपण दिखाई देते हैं तो आपको अपने सैट को दुरूस्त करवाना पड़ेगा।

केन्द्रीकृत तीव्रता

चित्र को ठीक से केंद्रीकृत होना चाहिए ताकि दृश्य का छोटे से छोटा अंश भी दिखाई पड़े। अच्छी किस्म के टी.वी. सैट में सर का बाल भी ठीक से दिखाई देते हैं। तकनीकी भाषा में कहें तो प्राप्त टी.वी. संकेत के बैंड की चौड़ाई 4 एम.एच.जेड (4MHz) के आस-पास होनी चाहिए।

रंगों की शुद्धता

टी.वी. चित्र में एक और भी खूबी होनी चाहिए और वह है रंगों की

शुद्धता। रंगों पर समुचित नियंत्रण बनाये रखने के लिए हर विनिर्माता का अपना ढंग होता है। सब से सरल तरीका तो यह होगा कि टी.वी. शुरू करते समय नियंत्रण घुंडी (नॉब) को घड़ी की दिशा के विपरीत पूरा घुमाकर रंग बिल्कुल खत्म कर दें। इसे हम न्यूनतम स्थिति कहेंगे। ऐसी स्थिति में चित्र श्याम-श्वेत (ब्लैक एंड ह्वाइट) रहेगा, और ध्वनि सर्वोत्कृष्ट। इसके बाद धीरे-धीरे रंग नियंत्रण को आगे बढ़ायें जब तक कि पदार्थ अपना प्राकृतिक रंग धारण नहीं कर लेता। यदि सामने किसी का चेहरा है तो आपको त्वचारंग एकदम बढ़िया मिलना चाहिए। इस स्थिति को रंग की शुद्धता या उपयुक्त छटा प्राप्त करना कहा जाता है।

वर्णकता तथा ज्योतिर्मयता (क्रोमिनेंस एण्ड ल्यूमिनेंस) में विलंब

किसी चित्र के रंग की सूचना की प्राप्ति को तकनीकी भाषा में वर्णकता (क्रोमिनेंस) कहते हैं। उसकी प्रदीप्ति की सूचना को ज्योतिमर्यता (ल्यूमिनेंस) कहते हैं। 'क्रोमिनेंस' की सूचना प्रेषण छोर पर अलग से संसाधित होती है। यह सूचना इसके बाद श्याम-श्वेत सूचना या ल्यूमिनेंस संकेत सूचना पर अध्यारोपित (सुपर-इंपोज़) होती है। अच्छे टी.वी. सैट में ये दोनों संकेत एकस्थ हो जाते हैं और एक-दूसरे को पूरी तरह ढक लेते हैं। जब सैट में समायोजन में गड़बड़ के कारण ऐसा नहीं होता है तो हमें धुंधला चित्र मिलता है। ऐसे चित्र में रंगों का श्याम और श्वेत से ठीक से मेल नहीं बैठ पाता, बल्कि ऐसे लगता है जैसे कि वे एक तरफ खिसक गये हों। इस प्रकार 'रंगों की स्पष्टता' खत्म हो जाती है। तब यह चित्र उसी प्रकार धुंधलाया दिखता है जैसे आप सस्ती रंगीन पत्रिकाओं में देखते हैं। यह छपाई का दोष होता है, क्योंकि विभिन्न रंगों का आपस में ठीक से मिलान नहीं हो पाता।

अभिसरण

किसी भी टी.वी. सैट के सामने के पर्दे के पीछे पिक्चर ट्यूब के भीतर, तीन प्रकार के संदीपक (फॉस्फोर) विलेपन होते हैं। कैथोड-एनोड गन-संरचना से आने वाली इलैक्ट्रोन की धारा जब एक समूह से टकराती है तो 'लाल' प्रकाश निकलता है, दूसरे समूह से 'हरा' प्रकाश निकलता है और तीसरे से 'नीला' प्रकाश। जब इस संदीपक-चमक का ठीक से मिलान हो जाता है तो विभिन्न छटाएं या रंगों के रूप प्राप्त हो जाते हैं।

पर्दे के पीछे से यदि ये तीनों गन-संरचनाएं ठीक से समायोजित न हों तो एक प्रकार का विरूपण सामने आ जाता है। इसे अभिसरण त्रुटि कहते हैं।

यह जरूरी है कि तीनों गनें एक ही स्थल पर आकर मिलें जहां तीन बिंदु लाल, नीला तथा हरा होते हैं। यदि मूल चित्र श्वेत होगा तो इससे हमें श्वेत की छाप ही मिलेगी। अभिसरण त्रुटियां पिक्चर ट्यूब के कोने पर अच्छी तरह देखी जा सकती है।

ग्रे-स्केल पुनरुत्पादन

आइए हम यह मान लें कि प्रेषित चित्र में कोई वर्ण सूचना नहीं है। उदाहरणार्थ, जब शुद्ध श्वेत प्रेषित किया जाता है तो इसमें लाल = हरा = नीला = 1, यानी लाल, हरा और नीला, तीनों के तत्व बराबर हैं अर्थात 1 हैं। दूसरे शब्दों में जब लाल = हरा =नीला = 0.5 हो तो हमें कम श्वेत या मटमैला (धूसर) सा चित्र मिलता है। जब लाल = हरा = नीला = 0 तो हमें श्याम चित्र मिलता है। हमें चित्र के संप्रेषित होने पर श्याम और श्वेत के बीच धूसर के कई रंगत मिल सकती है। जिस टी.वी. सैट में सब कुछ ठीक से समायोजित रहता है, उसमें धूसर की रंगत भी एक-सी ही होती है। जिस सैट में संकेत-प्रणाली अरैखिक होती है, उसमें धूसर की रंगत गलत मिलती है। उदाहरणार्थ श्याम क्षेत्र में अर्थात निम्न संकेत क्षेत्र में कुछ श्याम से धूसर रंगतें (शेड्स) एक ही श्याम स्तर संकेत में घुलमिल सकती है। जब इस प्रकार का विरूपण ग्रे-स्केल पुनरुत्पादन में मौजूद हो तो टी. वी. चित्र में कम प्रकाश वाले क्षेत्रों में हमें काफी कुछ देखने को नहीं मिलेगा।

वरणक्षमता

कई बार जब हम टी.वी. चित्र देख रहे होते हैं तो कुछ कमियों के कारण, ट्यूनिंग चाहे कितनी बढ़िया हुई हो, कुछ-न-कुछ गड़बड़ी दिखाई देती है। यह गड़बड़ी चित्र पर इधर-उधर की रेखाएं आने से हो सकती है या ऐसी ही आवाजें आने से। बढ़िया टी.वी. सैट इस तरह की गड़बड़ी से मुक्त होते हैं। वे आस-पास के चैनल संकेतों को खारिज कर देते हैं। उनके इस गुण को वरणक्षमता (सिलेक्टिविटी) कहते हैं। वरणक्षमता की जांच आसान नहीं। यह प्रयोगशाला में निर्धारित विधि से ही की जा सकती है।

जैसा कि आप जानते ही होंगे, दिल्ली से दो तरह के कार्यक्रम प्रेषित होते हैं। दिल्ली-ए तथा दिल्ली-बी। दिल्ली-ए बैंड-1 के चैनल-4 पर उपलब्ध होता है। बैंड-1 का अर्थ है 47 एम एच ज़ेड से 68 एम एच जेड का आवृत्ति (फ्रीक्वेंसी) विस्तार। 21 एम एच जेड की चौड़ाई के इस बैंड के

बीच बैंड-1 के चै # की तरह के चैनल हैं। दिल्ली-बी, यानी मैट्रो चैनल वी. एच.एफ बैंड-III के चै # 7 पर अपना प्रेषण करता है। इसका विस्तार (रेंज) बैंड-III पर 188 एम एच जेड़ से 195 एम.एच.जेड तक है जिसका आवृत्ति (फ्रीक्वेंसी) विस्तार 174 से 230 एम.एच.जेड है।

इस तरह जब हम चै # 7 देख रहे होते हैं, तब हम यह नहीं चाहेंगे कि इसमें किसी अन्य कार्यक्रम का दखल हो, चाहे वह चै # 6 से हो या चै # 8 से, यानी अगल-बगल की चैनलों से। कुल मिलाकर 'वरण क्षमता' टी.वी. सैट का वह गुण है जिससे वह अनचाहे चैनलों को अस्वीकार करने की योग्यता रखता है।

सुग्राहिता

जब संप्रेषक (ट्रांसमिटर) से दूरी होने के कारण टी.वी. स्टेशन के संकेत कमज़ोर हो जाते हैं तो कोलाहल बहुत बढ़ जाता है। यह कोलाहल पर्दे पर कुछ बिंदुओं के रूप में उभरता है।

दो वोल्टताओं के बीच अनुपात को अक्सर dBs या डैसिबल्स के रूप में व्यक्त किया जाता है। यह लघुगणकीय पैमाना है। डैसिबल पैमाने की गहराइयों में जाने के बजाय, आप यही ध्यान में रखें कि दो वोल्टताओं में अनुपात डैसिबल पैमाने में व्यक्त किया जाता है। कोलाहल अनुपात के प्रति 30 डेसिबल सिगनल का मानदंड रखा गया है। यदि यह अनुपात बना रहे तो टी.वी. के चित्र में किसी प्रकार की बाधा नहीं आती, यानी कोलाहल बाधक नहीं लगता।

टी.वी. सैट की सुग्राहिता (सेंस्टिविटी) से उसकी अल्पतम संकेत को पकड़ने की क्षमता का पता चलता है, जब संकेत और कोलाहल का अनुपात 30 dB (डिसिबल) हो। यह कारक प्रयोगशाला में ही मापा जा सकता है। इससे टी.वी. सैट के इस पहलू का भी पता चलता है कि दूर-दराज़ (प्रेषक से दूर) के क्षेत्रों में यह कितना कार्य-क्षम है।

उच्च वोल्टता या ई.एच.टी

टी.वी. सैट के भीतर 20,000 वोल्ट (20 कि. वोल्ट) की उच्च वोल्टता उत्पन्न होती है। इसका पिक्चर ट्यूब के अंतिम एनोड से संबंध होता है। इसी उच्च वोल्टता के कारण इलैक्ट्रान तेजी पकड़ते हैं और पिक्चर ट्यूब के स्क्रीन के संदीपक (फास्फोर) बिंदुओं से टकराते हैं। ये संदीपक बिंदु फिर लाल, हरा, तथा नीला प्रकाश छोड़ते हैं। इस प्रकाश की चमक इस बात पर निर्भर करती

है कि वोल्टता की उच्चता कितनी है। इसी को ई.एच.टी. कहते हैं।

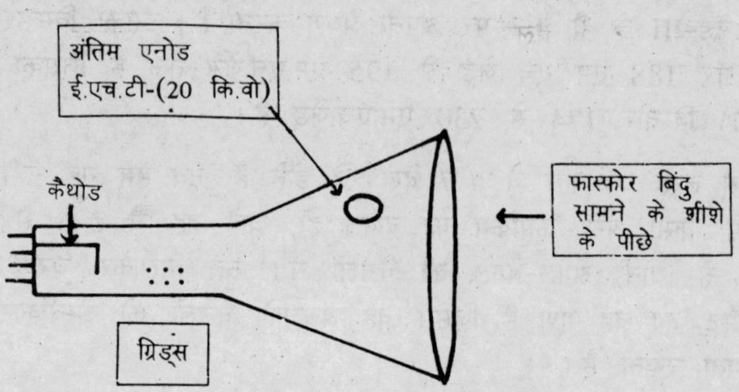

विपर्यास (कंट्रास्ट)

जब हम टी.वी. के पर्दे पर कोई चित्र देखते हैं तो उसमें हमेशा कुछ भाग ऐसे होते हैं जो श्याम होते हैं और कुछ श्वेत। श्वेत चित्र के संकेत का उच्चतम मान है और श्याम निम्नतम।

विपर्यास (कंट्रास्ट) को बढ़ाने पर वीडियो या चित्र संकेत प्रवर्धित (एंप्लीफाई) हो जाता है। जैसे रेडियो या प्रवर्धक (एंप्लीफायर) में घनत्व (वाल्यूम) नियंत्रक को बढ़ाने से प्रवर्धन होता है, उसी प्रकार कंट्रास्ट नियंत्रक से दृश्य-श्रव्य (वीडियो-एंप्लीफायर) गुणवत्ता बढ़ती है। श्वेत शिखर (पीक ह्वाइट) तथा श्याम के बीच आयाम (एंप्लीट्यूड) बढ़ता है। श्वेत और श्वेत हो जाता है और श्याम और श्याम। कई बार 'कंस्ट्रास्ट नियंत्रण' को 'चित्र नियंत्रण' भी कहते हैं। लेकिन उनका काम एक ही है।

ध्वनि-दबाव-स्तर

टी.वी. सैट के ध्वनि कक्ष में ध्वनि संसूचक (साऊंड डिटेक्टर) के बाद पारंपरिक श्रव्य प्रवर्धक लगे होते हैं। प्रवर्धित ध्वनि संकेत उसके बाद सैट में उपलब्ध ध्वनि विस्तारकों के जरिये सुना जाता है।

लेकिन ध्वनि संप्रेषण टी.वी. सैट में दूसरे ढंग से संसाधित होता है। इस प्रक्रिया में फ्रीक्वेंसी मॉड्यूलेशन तकनीक का इस्तेमाल होता है। इसके लिए सैट के भीतर एम.एफ संसूचक लगाये जाते है। एफ.एम के कारण ही टी.वी. सैट में ध्वनि की गुणवत्ता साधारण रेडियो सैटों की ध्वनि से कहीं बढ़िया होती है।

कई बार वैयक्तिक आवश्यकताओं की दृष्टि से टोनकंट्रोल भी लगाये जाते

हैं। लेकिन आम तौर यह कंट्रोल (नियंत्रक) मध्य स्थिति में लगता है, या फ्लैट फ्रीक्वेंसी अनुक्रिया की मेलखाती स्थिति में या सभी आवृत्तियों (फ्रीक्वेंसियों) की समान अनुक्रिया में। चित्र देखते समय दर्शक को महसूस होने वाली ध्वनि की गहनता मापी गई, और उसे ध्वनि-दबाव स्तर या एस.पी.एल. कहा जाता है। हम चित्र देखते समय वाक्यूम कंट्रोल को धुमाकर अपनी जरूरत के मुताबिक ध्वनि को कम-ज्यादा करते हैं। लेकिन इस ध्वनि की वास्तविक ऊंचाई या ध्वनि-दबाव स्तर प्रयोगशाला में ही मापी जाती है।

एस.पी.एल. टी.वी. के पर्दे से एक मीटर की दूरी पर मापा जाता है। एक के.एच.जेड. (1KHz यानी किलोहर्ज़) टोन को श्रव्य संकेत (आडियो सिगनल) माना जाता है। इसके अतिरिक्त 1 के.एच.जेड. टोन के बजाय संगीत कार्यक्रम को लिया जाता है और एस.पी.एल. को फिर मापा जाता है। वाल्यूम कंट्रोल जब अपनी अधिकतम अवस्था में होता है तो केवल ध्वनि की उच्चता को जानना ही काफी नहीं। इस अवस्था में कितना विरूपण होता है, उसे मापना भी जरूरी है। बहुत अधिक विरूपण में ऊँची ध्वनि सुनना बेकार है इसलिए जब वाल्यूम कंट्रोल अपनी अधिकतम अवस्था में हो तो एस.पी.एल मापने के साथ-साथ विरूपण भी माप लिया जाता है। इसके बाद विरूपण को ध्यान में रखते हुए एस.पी. एल. मूल्य सामान्य किये जाते हैं।

कई बार टी.वी. सैट के भीतर ही कुछ त्रुटियां होने के कारण या कल-पुर्जे ढीले रहने के कारण वाल्यूम कंट्रोल ऊंचा करने पर सैट में खड़-खड़ या घूं-घूं की आवाज़ आने लगती है। इसकी पैमाइश भी प्रयोगशाला में ही होती है।

प्रयोग में सहजता

दर्शक तो यही चाहता है कि उसके सैट के स्विच सहज-सुलभ हों और वह जो कार्यक्रम चाहे, देख सके। इन पहलुओं पर विशेषज्ञों की टीम ग़ौर करती है और गुणवत्ता निर्धारण करती है।

बिजली

घरेलू विद्युत वोल्टता 230/240 वोल्ट होती है, यानी 50 एच.जेड़.ए.सी। लेकिन अक्सर बिजली के प्रवाह में घट-बढ़ होती रहती है। कई बार वोल्टता बहुत कम हो जाती है। टी.वी. सैट के संतोषजनक चलन के लिए वोल्टता 230/240 के आस-पास रहनी चाहिए।

प्रयोगशाला में वोल्टता को स्वयं कम और अधिक करते हुए टी.वी. सैट

की कार्य-क्षमता जांची जाती है। बिजली की खपत भी देखी जाती है। बिजली की खपत जितनी कम होगी उतना ही बेहतर निष्पादन होगा।

सुरक्षा

सुरक्षा एक ऐसा पहलू है जिसके बारे में किसी भी हालत में समझौता नहीं किया जा सकता। टी.वी. सैट को घर में बिजली आपूर्ति के स्रोत से जोड़ने पर टी.वी. सैट के सामान्यतः सुलभ भाग जैसे एरियल सॉकेट या विभिन्न नियंत्रकों के धातु-भागों से झटका नहीं लगना चाहिए। इस स्थिति में अगर इत्तफाक से टी.वी. सैट को इधर-उधर हटाया जाए तो पॉवर कॉर्ड सैट से एक सीमा से ज्यादा नहीं खिंचना चाहिए, वरना स्रोत की कॉर्ड टूट सकती है और इससे खतरा पैदा हो सकता है। सुरक्षा के ये पहलू जिन्हें 'डायइलैक्ट्रिक स्ट्रैंग्थ' तथा 'मेन्स कॉर्ड एंकरेज' कहा जाता है प्रयोगशाला में मापे जाते हैं।

उपसंहार

पिछले पृष्ठों में हमने टी.वी. सैट के विभिन्न पहलुओं पर चर्चा की है ताकि दर्शक उनसे कुछ हद तक परिचित हो सकें। जैसा कि आपने देखा ही होगा, कुछ पहलू ऐसे हैं जिनकी दर्शक खुद ही जांच कर सकता है। लेकिन कुछ पहलू ऐसे हैं जिनकी जांच प्रयोगशाला में ही हो सकती है। यदि हम इन सब पहलुओं पर ध्यान रखें तो टी.वी. सैट की गुणवत्ता हम अच्छी तरह आँक सकते हैं।

6

तुलनात्मक परीक्षण के निष्कर्ष

20"/51 सै.मी. के विकर्ण (डायगनल) तथा बिना रिमोट कंट्रोल वाले तेरह रंगीन टी.वी. सैटों का तुलनात्मक परीक्षण किया गया। इसके पीछे मूल विचार इन सैटों की तुलनात्मक कार्य-क्षमता परखना था। ये परीक्षण ई.आर.टी.एल. (एन), ओखला की एस.टी.क्यू.सी. (मानकीकरण, परीक्षण तथा गुणवत्ता नियंत्रण) प्रयोगशाला में उनकी तकनीकी विशेषज्ञता तथा अनुभव की सहायता से किये गये। इन परीक्षणों की बदौलत अब हम इस स्थिति में हैं कि उपभोक्ता को कुछ ऐसे नुक्ते बता दें जिससे वह अपना टी.वी. सैट खरीदते समय स्वयं ही अपना मार्गदर्शन कर सके।

यह उपक्रम शुरू करने से पहले कुछ अनुभवी परीक्षण इंजीनियरों की मदद से एक उपयुक्त परीक्षण कार्यक्रम तैयार किया गया। ऐसे पहलुओं का, जिनकी परख उपभोक्ता स्वयं नहीं कर सकता, प्रयोगशाला में निरपेक्ष परीक्षण किया गया। हर पहलू के महत्त्व को ठीक से आंका गया और उनका उपयुक्त महत्त्व-भार निर्धारित किया गया। संलग्नक-1 में महत्त्व-भार योजना दर्शायी गयी है।

इस कुल प्रक्रिया का उद्देश्य उपभोक्ता को रंगीन टी.वी. सैट खरीदने में सहायता प्रदान करना है। आम तौर पर वह पर्दे पर आने वाले चित्र और ध्वनि की गुणवत्ता ही देखता है। परीक्षण प्रयोगशाला में टी.वी. सैट के वस्तुपरक मापन के निष्कर्ष आमतौर पर उपभोक्ता को अपेक्षित जानकारी संप्रेषित नहीं कर पाते हैं। अत: 'व्यक्तिनिष्ठ प्रेक्षण' और 'व्यक्तिनिष्ठ श्रवण' परीक्षणों को काफी महत्त्व मिल जाता है। ज्यूरी के सदस्यों की एक पेनल ने सभी टी.वी. सैटों को उसी प्रकार देखा जैसे कि एक उपभोक्ता अपने सैट को देखता है, और फिर चित्र तथा ध्वनि की दृष्टि से उनकी श्रेणी निर्धारित की गई। यह श्रेणी-निर्धारण ही उपभोक्ता के लिए अधिक अर्थपूर्ण है। लेकिन इस श्रेणी-निर्धारण को प्रयोगशाला में किये गये निरपेक्ष परीक्षणों के परिणामों से मिलाकर

देखना होगा। तभी अंतिम श्रेणी-निर्धारण किया जा सकता है। बहरहाल, जैसा कि संलग्नक-1 में दिखाया गया, ज्यादा महत्त्व-भार व्यक्तिनिष्ठ प्रेक्षण और व्यक्तिनिष्ठ श्रवण परीक्षणों को दिया गया है।

श्रेणी निर्धारण करते समय हर पक्ष के लिए अंतर्राष्ट्रीय स्तरों के अनुसार एक पंच-बिंदु मापक्रम अपनाया गया। यह मापक्रम इस प्रकार है:

5. बहुत अच्छा
4. अच्छा
3. औसत
2. निकृष्ट
1. अतिनिकृष्ट

1. वस्तुसूची

किसी भी टी.वी. सैट का परीक्षण करने से पहले उसके एक-एक मद्द का प्रत्यक्ष निरीक्षण किया गया और विनिर्माताओं द्वारा उपलब्ध करायी गयी कार्य विधि पुस्तिका से मिलान किया गया।

अकेला टैक्सला ही ऐसा टी.वी. सैट है जिस पर आई.एस.आई. का चिह्न है। इसी प्रकार वैस्टन भी अकेला टी.वी. सैट है जिसकी कार्य-विधि पुस्तिका के साथ सर्किट आरेख भी है। यह निस्संदेह एक सराहनीय प्रवृत्ति है। लेकिन कार्यविधि पुस्तिका को थोड़ा और विस्तृत होना चाहिए था।

सभी कार्य-विधि पुस्तिकाएं अंग्रेजी में थीं। अगर ये दो भाषाओं में, यानी अंग्रेजी और हिंदी या प्रादेशिक भाषाओं में होतीं तो अधिक उपयोगी होतीं।

ओनीडा टी.वी. सैट में कार्यक्रम का संकेत देने वाले पेनल के पीछे रोशनियां नहीं जलती थीं, हालांकि इसका उल्लेख पुस्तिका में किया गया है। इसके अलावा स्विचों का कपाट (शट्टर) भी आसानी से खुलता या बंद नहीं होता था।

एरियल या एंटेना का निवेश टी.वी. सैट में उसके पीछे लगे सॉकेट से होता है। इस सॉकेट में एक सैंटर पिन तथा गोल सॉकेट होता है। सैंटर पिन इसका सजीव छोर होता है और बाहर का आवरण तो भूसंपर्कित (अर्थ) होता है। फीते की शक्ल का तार भी 'अर्थ' किया जाता है। इसका मतलब यह हुआ कि यह टी.वी. रिसीवर के असंतुलित एंटेना निवेश (इनपुट) से नहीं जोड़ा जा सकता। 'बैलुन' वह साधन है जिसमें संतुलित इनपुट और असंतुलित

आउटपुट रहता है। बैलेंस्ड इनपुट (संतुलित निवेश) को अनबैलेंस्ड आउटपुट (असंतुलित निर्गम) में रूपांतरण के कारण इसे 'बैलुन' कहते हैं। वैस्टन, बुश, टी-सिरीज तथा डायनोरा को छोड़कर बाकी सब टी.वी. सैटों में बैलुन व्यवस्था थी। उपभोक्ता को चाहिए कि वह खरीद करने से पहले 'बैलुन' के बारे में पूछताछ कर ले।

ऑपटोनिका टी.वी. सैट में एक अतिरिक्त कंट्रोल है जिसे 'पिक्चर टोन' कहा गया है। इससे चित्र की स्पष्टता में परिवर्तन किया जा सकता है। यह कंट्रोल ध्वनि सर्किट में टोन कंट्रोल की तरह है।

वीडियोकोन टी.वी. सैट में अन्त: निर्मित लाउडस्पीकर नहीं होते। उसमें बाहर दो लाउडस्पीकर होते हैं जो कि कैबिनट के दोनों ओर दिये गये सॉकेटों में प्लग किये जा सकते हैं।

नैल्कों टी.वी. सैट के भीतर बहुत धूल जमी दिखाई दी और लगता था कि सर्किट बोर्ड की कई बार मरम्मत की गयी है। यह सैट डिब्बाबंद हालत में ही परीक्षण प्रयोगशाला ले जाया गया था अत: ढोते समय उसमें धूल बिल्कुल न आ सकती थी।

इस स्थिति को देखते हुए उपभोक्ताओं को सलाह दी जाती है कि वे टी.वी. सैट खरीदते समय विक्रेता से कहें कि सैट का पिछला भाग खोलकर दिखाये। अगर यह नैल्को टी.वी. सैट है, तब तो और भी जरूरी है, ताकि इस बात की तसल्ली हो सके कि सैट पहले इस्तेमाल तो नहीं हुआ या उसकी मरम्मत तो नहीं हुई।

क्राउन टी.वी. सैट को छोड़कर बाकी सभी टी.वी. सैटों में हॉरिजंटल-होल्ड कंट्रोल और वर्टिकल-होल्ड कंट्रोल बाहर नहीं दिये जाते। ये भीतर ही रहते हैं। इनकी लॉकिंग रेंज विस्तृत होती है, जिसके कारण चित्र एक जगह ठहरा रहता है। यदि क्षैतिज रोक (हॉरिजंटल होल्ड) ठीक नहीं होगा तो चित्र फट जायेगा और खंडित नजर आयेगा। यदि ऊर्ध्वाधर रोक (वर्टिकल होल्ड) ठीक नहीं है तो चित्र ऊपर या नीचे की ओर दौड़ना शुरू कर देगा। प्रौद्योगिकी के उन्नत हो जाने के कारण क्षैतिज या ऊर्ध्वाधर दिशा में चित्र का रूकना अब भीतरी सर्किटरी से सुनिश्चित किया जाता है। उन्नत प्रौद्योगिकी ने अब इन दो नियंत्रणों को गैर-जरूरी कर दिया है। लेकिन क्राउन टी.वी. सैट में ये दोनों नियंत्रक बाहर ही दिये रहते हैं जिन्हें दर्शक, अगर जरूरत पड़े तो स्वयं ही समायोजन कर सके। पर इस क्राउन टी.वी. सैट में ऊर्ध्वाधर रोक

के नियंत्रक को समायोजित करना बड़ा नाजुक काम था। थोड़ा सा भी इधर-उधर हो जाने से चित्र ऊपर-नीचे दौड़ने लगता था।

सुरक्षा के पहलुओं को ध्यान में रखते हुए तो महत्त्वपूर्ण परीक्षण किये गये। पहला इंसूलेशन रिजिस्टेंस था जिसे डाइ इलैक्ट्रिक स्ट्रैंथ भी कहते हैं। जब रोधन प्रतिरोध (इंसूलेशन रिजिस्टेंस) अच्छा होता है तो धातु वाले भाग से अगर हाथ छू भी जाये तो भी धातु वाले भाग के बाहर की ओर होने पर भी किसी प्रकार का झटका नहीं लगता है। यह प्रतिरोध भारतीय मानक के स्तर पर मापा जाता है और ब्रेक डाऊन वोल्टता नोट की जाती है। ओनीडा तथा सोलिडेयर–ये दो टी.वी. सैट ऐसे थे जिनके प्रतिरोध का ब्रेकडाऊन क्रमश: 1.65 कि.वोल्ट तथा 1.9 वोल्ट बैठता है।

पॉवर कार्ड या मेंस कार्ड को टी.वी. सैट के भीतर ही मजबूती से लगा होना चाहिए जिससे अचानक खिंच जाने पर भी यह बाहर न आये या एक सीमा से ज्यादा न खिंचे। इस दृष्टि से परीक्षण करने पर अपट्रोन तथा वैस्टन टी.वी. सैटों में खींच सीमा से अधिक पड़ सकती थी।

ओनीडा के सैट पर जब 100 घंटे का सिक्त (सोक) परीक्षण किया गया तो उसने परेशानी देनी शुरू कर दी। चित्र दौड़ने लगा। परिणामस्वरूप सर्विसिंग वाले लोगों से सम्पर्क किया गया। उन्होंने आकर 110 वोल्ट को क्षैतिज आऊटपुट सर्किट के प्रति समायोजित किया। इसके बाद सैट ठीक चलने लगा। फिर उस पर अन्य परीक्षण किये गये।

संलग्नक-IV में सारणी के रूप में विभिन्न टी.वी. सैटों की विशेषताएं दी गयीं हैं।

2. ग्रहणशीलता संबंधी विशेषताएं

वरणक्षमता : ग्रहणशीलता से संबद्ध दो मुख्य बातें हैं जिन पर ध्यान दिया गया। एक यह है कि किस हद तक सैट आस-पास के चैनलों को अस्वीकार करता है या इसमें बाहर से कोई बाधा तो नहीं आती। उदाहरणार्थ बैंड III के चैनल # 7 पर कोई कार्यक्रम देखते समय चैनल # 6 या चैनल # 8 से नाममात्र को ही बाधा आनी चाहिए। आजकल तो केबल टी०वी० का भी प्रचलन हे। इसलिए इस पक्ष पर ध्यान देना जरूरी है।

इस दृष्टि से वैस्टन तथा टैक्सला के सैट सब से बढ़िया थे। चैनल # 3 देखते समय इन्होंने 20 dBmw अस्वीकार कर दिया जो निस्संदेह, यह सशक्त संकेत है। ऑपटोनिका, बुश, बी.पी.एल तथा क्राउन उनके मुकाबले में

कमजोर साबित हुए। उनमें 40 dBmw के निम्न स्तरीय संकेत भी दखलंदाजी करने लगे। dBmw संकेत स्तर (सिगनल लैवल) का माप है।

दूसरा पहलू है कोलाहल रोकने की क्षमता। इस दृष्टि से किये गये परीक्षणों से उन दूर-दराज के इलाकों में टी.वी. सैटों की कार्य-क्षमता का पता चलता है जहां संकेत शक्ति अपेक्षाकृत कमज़ोर होती है। इस दृष्टि से ओनीड़ा, बी.पी.एल., नैल्को, टी-सीरीज़, अपट्रॉन तथा डायनोरा बहुत अच्छे पाये गये, जबकि वैस्टन, वीडियोकोन, ऑपटोनिका, बुश, टैक्सला, क्राउन तथा सोलिडेयर अच्छे सैटों की श्रेणी में आए।

3. स्पष्टता

यह पक्ष चित्र की गुणवत्ता को रेखांकित करता है। इस लिहाज़ से टी-सीरिज़ के सैट सब से आगे हैं। लेकिन बाकी बारह सैटों की भी अच्छी स्पष्टता थी।

4. ज्यामिति

स्कैनिंग के कारण अरैखिकता (नॉन-लीनियेरिटी) तथा चित्र के बाह्य रूप का विरूपण—ये दोनों पहलू भी मापे गये। नैल्को तथा टी सीरिज के सैट कुछ घटिया साबित हुए, बाकी के सैट बिल्कुल ठीक थे।

5. उच्च वोल्टता स्थैर्य

टी.वी. सैट में उत्पन्न होने वाली उच्च वोल्टता को ई.एच.टी. भी कहते हैं। यह वोल्टता 20,000 वोल्ट या 20 कि.वोल्ट के आसपास रहती है। जिस समय चित्र श्याम से श्वेत हो रहा हो, उस समय वोल्टता में एक सीमा से अधिक परिवर्तन नहीं होना चाहिए। सभी तेरह सैट निर्धारित सीमा के भीतर थे। बुश, क्राउन तथा ओनीडा सब से बढ़िया पाये गये। इनके बाद वीडियोकोन, बी.पी.एल तथा नैल्को का दर्जा आया। बाकी के सैट भी ठीक ही थे।

6. वर्ण स्पष्टता

इससे यह पता चलता है कि प्रतिरूपित रंग कितना स्पष्ट है तथा कहीं वर्णकता-ज्योतिर्मयता विलंब के कारण अस्पष्टता तो नहीं आ रही। ऑपटोनिका, बुश, बी.पी.एल. तथा सोलिडेयर इस दृष्टि से सब से आगे थे। बाकी औसत थे।

7. छटा

यह पक्ष टी.वी. के पर्दे पर रंग की छटा (ह्यू) का अहसास देता है।

वीडियोकोन, ऑपटोनिका, बी.पी.एल., टैक्सला तथा डायनोरा इस दृष्टि से सर्वश्रेष्ठ थे। बाकी के ठीक थे। लेकिन वैस्टन टी.वी. सैट उतना अच्छा सिद्ध नहीं हुआ क्योंकि उसके पर्दे पर रंग फैलता था।

8. विपर्यास (कंट्रास्ट) अनुपात

टी.वी. के पर्दे पर दिखने वाले किसी भी चित्र में कुछ हिस्से काले होते हैं जो इंसान के बालों जैसे या गहरी छटा लिये रहते हैं। इसी प्रकार कुछ हिस्से सफेद होते हैं, उसी प्रकार सफेद जैसे सूरज के प्रकाश में कोई वस्तु दिखाई देती है। यदि काले पिंडों की चमक बहुत ज्यादा हो तो वे भूरे दिखने लगते हैं और उनका स्वाभाविक कालापन चला जाता है। इससे चित्र अस्वाभाविक दिखने लगता है। जब सफेद हिस्से कम चमकीले दिखाई देते हैं, तब भी यही बात देखने को मिलती है। एक औसत टी.वी. चित्र में काले और सफेद हिस्सों की चमक मानकीकृत की जाती है ताकि वह स्वाभाविक दिखे। चमकीलेपन की इकाई को माप की इकाई को 'निट' (एन.आई.टी.) कहा जाता है उसी तरह जैसे वजन की इकाई को किलोग्राम कहते हैं।

तुलनात्मक परीक्षणों के लिए, काले हिस्सों की चमक 3 निट रखी गयी थी। कंट्रास्ट कंट्रोल को घड़ी की दिशा में पूरा धुमाया गया। अर्थात् अधिकतम समायोजन किया गया। फिर सफेद हिस्सों की चमक मापी गयी। सफेद क्षेत्र की चमक का अनुपात काले क्षेत्र की चमक के मुकाबले जितना ज्यादा होगा, टी.वी. सैट की कार्य-क्षमता उतनी ही अच्छी समझी जायेगी। भारतीय मानकों में टी.वी सैट में न्यूनतम अनुपात निर्धारित किया गया है। तुलनात्मक परीक्षणों से पता चला कि बी.पी.एल. तथा क्राउन के टी.वी. सैटों में कंट्रास्ट का अनुपात दूसरे सैटों के अनुपात की अपेक्षा काफी अधिक रहता है। ओनीडा के सैट में 'कंट्रास्ट कंट्रोल' को 'पिक्चर कंट्रोल' कहा जाता है।

9. श्वेत संतुलन/धूसर क्रम अनुवर्तन

इससे हमें चित्र की रेखीयता (लीनियेरिटी) का पता चलता है। जब संप्रेषण रंगीन न हो, बल्कि श्याम-श्वेत हो तो टी.वी. सैट उन्हें शुद्ध श्याम-श्वेत या उससे मिलते-जुलते रंग में प्रस्तुत कर सकता है।

इस लिहाज़ से टैक्सला, सोलिडेयर तथा डायनोरा सब से बढ़िया रहे। वैस्टन में भी वर्ण-फैलाव स्तुत्य था और बायें पर्दे पर रंग देती एक पट्टी थी। नैल्को के पर्दे के कोनों में इसी प्रकार का रंगारेख था। क्राऊन में ऊपर की तरह बैंगनी पट्टी थी जो अच्छी-खासी हरी झलक दे रही थी। टी-सीरीज़ में

ग्रे-स्केल ठीक से नहीं आ रहा था। आखिरी तीनों पट्टियां (बार्स) आपस में मिल गयी थीं। अपट्रोन में भी इसी प्रकार आखिरी तीन ग्रे-स्केल पट्टियां मिल गयी थीं। रंग एक दूसरे के ऊपर काफी चढ़ रहे थे।

10. प्रेक्षण परीक्षण

अनुशंसित मानक के अनुसार ज्यूरी की एक पेनल गठित की गयी थी जिसने सभी तेरह टी.वी. सैटों पर कार्यक्रम देखे। इनमें टैक्सला ही एक ऐसा सैट था जिस पर आई.एस.आई. का प्रमाणीकरण था। बार-बार प्रयोग के बाद इसमें एकरूप निष्पादन मिलने लगा। इसलिए टैक्सला को ही संदर्भ सैट मान लेने का निश्चय किया गया। ज्यूरी के अनुसार इसे पहली श्रेणी दी और बाकी सैटों के श्रेणी-निर्धारण से पहले उनकी इससे तुलना की गयी। श्रेणी-निर्धारण के बाद जो परिणाम रहा, वह इस प्रकार था :

–डायनोरा, वीडियोकोन

–टैक्सला, ओनीडा, सोलिडेयर

–बी.पी.एल., नैल्को, बुश, वैस्टन

–ऑपटोनिका, टी-सीरीज़, अपट्रोन

–क्राऊन

11. श्रवण परीक्षण

उत्पन्न ध्वनि को सुनकर उसी ज्यूरी के सदस्यों ने टी.वी. सैटों का श्रवण के आधार पर फिर श्रेणीकरण किया। सर्वोत्तम से शुरू होकर यह श्रेणीकरण इस प्रकार है :

–टैक्सला, सोलिडेयर

–ओनीडा, वैस्टन, ऑपटोनिका, बुश, बी.पी.एल., नैल्को, अपट्रान

–वीडियाकोन, क्राऊन, टी-सीरिज़

–डायनोरा

यद्यपि इन सैटों को उपर्युक्त श्रेणियों में रखा गया पर सभी टी.वी सैट अच्छी आवाज देते थे।

ध्वनि-दबाव स्तर

एक संगीत कार्यक्रम को लेकर ध्वनि नियंत्रक को अधिकतम खोला गया

और एक खास दूरी से ध्वनि की उच्चता को मापा गया। श्रेणीकरण का परिणाम इस प्रकार था :

–डायनोरा, वीडियोकोन, ऑपटोनिका

–ओनीडा, वैस्टन, बुश, बी.पी.एल, नैल्को, टैक्सला, क्राऊन

–टी-सीरिज़, सोलिडेयर, अपट्रोन

यह देखने के लिए कि कहीं किसी प्रकार का कोई विरूपण तो नहीं है, संगीत कार्यक्रम के बजाय 1 kHz का शुद्ध स्वर (टोन) लिया गया। ध्वनि नियंत्रक अपने चरम पर थे। ध्वनि-दबाव स्तर को मापने के साथ-साथ विरूपण को भी मापा गया और उसको ध्यान में रखते हुए ध्वनि-दबाव स्तर निकाला गया। श्रेष्ठता की दृष्टि से परिणाम इस प्रकार थे :

डायनोरा, टैक्सला, नैल्को, सोलिडेयर (10% के भीतर) बाकी ओनीडा, ऑपटोनिका, बुश, वैस्टन, वीडियोकोन, बी.पी.एल., क्राऊन, टी-सीरीज़ तथा ॲपट्रोन सब में पूरा वाल्यूम खोलने पर उच्च विरूपण मिला।

आम तौर पर हमें अपने टी.वी. सैट को पूरी ध्वनि पर खोलने की जरूरत नहीं पड़ती, लेकिन कई बार किसी खास मौके पर खोलना भी पड़ता है, जैसे पाठशाला की कक्षा में, अस्पताल तथा भारी तादाद में श्रोताओं वाले प्रतीक्षालय में, या सामुदायिक प्रेक्षण के लिए या होस्टल के कॉमन रूम में। यहां ध्वनि की पूरी उच्चता दरकार होती हे। ऐसे मौकों पर उपर्युक्त नौ सैट, जिनमें पूरी ध्वनि पर विरूपण आ जाता है, उपयुक्त नहीं होंगे, क्योंकि उसमें कई अवांछित ध्वनियां –कड़कड़, किड़कड़ता–आती रहेंगी। ऐसे मौकों पर तो डायनोरा, टैक्सला, नैल्को या सोलिडेयर ही ठीक रहेंगे।

प्रयोग सहजता

इसके अन्तर्गत स्विचों की सुलभता, प्रोग्रामन तथा टी.वी. सैट उपभोक्ता को दी गई प्रचालन पुस्तिका जैसे तीन पहलुओं को लिया गया।

वैस्टन सैट के साथ दी गयी पुस्तिका पूरा विवरण नहीं देती, लेकिन इसमें परिपथ आरेख (सर्किट डायग्राम) दिया गया है जिससे बाद में जरूरत पड़ने पर सर्विसिंग इत्यादि में मदद मिलेगी।

बी.पी.एल. सैट में स्विच बहुत छोटे हैं, हालांकि उनका संचालन बड़ी आसानी से हो सकता है। नैल्को सैट में संचालन बटन बड़े पास-पास होने

के कारण संचालन में मुश्किल आती है।

प्रचालन पुस्तिकाएं हिंदी तथा प्रादेशिक भाषाओं में भी होनी चाहिए।

बिजली की खपत

सभी तेरह टी.वी. सैट बिजली की खपत की सीमाओं के काफी भीतर थे। बुश टी.वी. की खपत सबसे कम, यानी मात्र 63 वाट थी। डायनोरा की सबसे अधिक, यानी 86 वाट थी।

सुरक्षा

(क) अपना टी.वी. सैट चलाते समय ऐसी संभावना रहती है कि उपभोक्ता किसी अनावृत्त धातु के भाग को छू ले। ये भाग हैं कंट्रोल नॉब के पेच या धुरियां या एरियल निवेश (इनपुट) बिंदु इत्यादि। जिस समय टी.वी. सैट घर के विद्युत स्रोत के 230 वोल्ट ए.सी. सॉकेट में प्लग किया जाता है, कभी-कभी कहीं गड़बड़ी होने या विद्युत आपूर्ति प्रणाली में किसी प्रकार की त्रुटि रह जाने से सैट की मेनवाली तारों में से बड़ी ऊंची वोल्टता आ सकती है। इसे स्फाइक वोल्टेज कहते हैं। इसलिए ऐसी स्थिति से बचने के लिए सैट में सुरक्षा के उपायों की व्यवस्था करनी पड़ती है। उच्च वोल्टता परीक्षण करने पर 'ओनीडा' में ये उपाय उपयुक्त मात्रा में नहीं पाए गये। मापन के अनुशंसित तरीके तथा स्तर अपनाने पर 1.65 कि.वोल्ट पर शॉर्ट हुए मुख्य प्लग तथा एंटेना टर्मिलन के बीच फ्लैश-ओवर हुआ हालांकि 4.25 कि.वोल्ट तक नहीं होना चाहिए था। ऐसे ही परीक्षणों पर सोलिडेयर टी.वी. सैट भी सुरक्षित नहीं पाया गया इसमें फ्लैश ओवर 1.9 कि.वो. पर हुआ।

इसलिए उपभोक्ताओं को यह पता होना चाहिए कि जब वे इन दोनों सैटों में से कोई सा सैट खरीदते हैं तो उन्हें बिजली का खतरा भी उठाना पड़ सकता है। यद्यपि घर की बिजली आपूर्ति व्यवस्था में ऐसे दोष कभी-कभी आते हैं फिर भी उपभोक्ता को उनके प्रति सचेत रहना चाहिए।

(ख) इन टी.वी. सैटों पर एक और सुरक्षा परीक्षण भी किया गया। कई बार जब टी.वी. सैट 'ऑन' होता है और मेन सॉकट में मेन कॉर्ड लगी रहती है, हम टी.वी. ट्राली या टी.वी. सैट को कमरे में दूसरी तरफ खिसकाना चाहते हैं। मेन कॉर्ड सीमा से अधिक खींचे जाने पर संभव है कि यह टूट जाये जिससे लघु परिपथ (शॉर्ट सर्किट) की स्थिति हो जाये। ऐसी स्थिति से बचने के लिए मेन कॉर्ड को टी.वी. सैट के भीतर ठीक से लगाना चाहिए ताकि

वह एक सीमा से अधिक बाहर न आये। भारतीय मानक के अनुसार 2 मि. मी. से अधिक का अंतर नहीं पड़ना चाहिए, जब कि एक-एक सैकंड में मेन कॉर्ड पर 40 न्यूटन का जोर पड़ रहा हो।

वैस्टन टी.वी. सैट के मेन कॉर्ड पर जोर पड़ने पर वह 18 मि.मी. बाहर आ गया और अपट्रोन का 5 मि.मी.।

टी.वी. सैट की खरीद करते समय उपभोक्ता इस बात का ध्यान रखें।

समग्र श्रेणीकरण

सभी पहलुओं को ध्यान में रखते हुए तेरह सैटों का श्रेणीकरण इस प्रकार किया गया है। (5-बिंदु मापक्रम)

टैक्सला (4.1)

डायनोरा (4.0)

टी-सीरीज़, बुश, ऑपटोनिका, वीडियोकोन, ओनीडा (*) (3.9)

सोलिडेयर (*) (3.8)

क्राऊन, अपट्रोन (**) (3.7)

नेल्को (3.6)

वैस्टन (**) (3.5)

(*) वैद्युत सुरक्षा के बारे में टिप्पणी पर भी ध्यान दें।

(**) मेन कॉर्ड, स्थिरिकरण संबंधी टिप्पणी देखें।

इन टी.वी. सैटों के बारे में बाकी विवरण विभिन्न पक्षों के अंतर्गत दिये गये हैं। अधिक महत्त्वपूर्ण पहलुओं को ध्यान में रखते हुए इन सैटों की तुलनात्मक सारणियां भी दी गयी हैं (देखें संलग्नक-I)। संलग्नक-III में सारणी रूप में रंगीन टी.वी. सैटों की विभिन्न प्राचलों (पैरामीटर) के संदर्भ में कार्य-क्षमता दिखायी गयी है।

परीक्षण परिणामों के प्रति विनिर्माता की प्रतिक्रिया

तुलनात्मक परीक्षण होने और उनके परिणाम मिल जाने के बाद ये निष्कर्ष अलग-अलग टी.वी. सैटों के विनिर्माताओं को भेजे गये और उनसे निवेदन किया गया कि वे अपनी प्रतिक्रिया 'वॉयस' (वालंटरी आर्गनाइज़ेसन इन इंटरेस्ट ऑफ

कंज़्यूमर एजूकेशन) को भेजें। तेरह विनिर्माताओं में से केवल छः ने अपनी टिप्पणियां भेजीं। उनकी टिप्पणियां तथा उनको भेजे गये उत्तर इस प्रकार हैं:

1. **ओनीडा** के निर्माताओं ने 'वॉयस' द्वारा भेजे गये निष्कर्षों के बारे में तो कुछ नहीं कहा, लेकिन उन्होंने वरणक्षमता, सुग्राहिता, चित्र की गुणवत्ता तथा चित्र रूपरेखा विरूपण के बारे में अपने परीक्षणों के परिणामों का ब्योरा भेज दिया।

क्रमवीक्षण (स्कैनिंग) के कारण अरेखीयता (नॉन-लीनियेरिटी) के बारे में, विशेषकर ऊर्ध्वाधर (वर्टिकल) रेखीयता के बारे में, उनका कहना था कि 8% गलत है और वे चाहेंगे कि यह परीक्षण उनकी मौजूदगी में हों। उनका यह अनुरोध स्वीकार नहीं किया गया, क्योंकि 'वॉयस' के निष्कर्षों की शुद्धता ई.आर.टी.एल.(एन) द्वारा सत्यापित की गयी थी।

'फोकसिंग' के अंतर्गत श्रेणीकरण 'उतना अच्छा नहीं' भी विनिर्माताओं को मंजूर नहीं था। यह भी ई.आर.टी.एल.(एन.) की टिप्पणियों पर आधारित था और इसमें कहा गया था यह श्रेणीकरण (5 बिंदु मापक्रम पर 2) तेरह टी.वी. सैटों की तुलना के बाद किया गया है।

'कंट्रास्ट अनुपात' के बारे में ओनीडा के विनिर्माताओं का कहना था कि कंट्रोल पेनल में सब-कंट्रास्ट समायोजन की भी व्यवस्था है और यह 90:1 के अनुपात तक समायोजित हो सकता है। प्रयोगशाला में इस सब-कंट्रोल को ढूढ़ने की कोशिश की गई पर सफलता नहीं मिली।

श्रव्य पक्ष को मापते समय 400 एच.जेड. पर धूं-धूं की ध्वनि सुनाई पड़ी। विनिर्माताओं का कहना था कि 'एफ.ओ.' पर बढ़िया ध्वनि आती है, क्योकि यह लाउडस्पीकर की अनुरणन आवृत्ति (रेज़ोनेंस फ्रीक्वेंसी) है। उनका यह भी कहना था कि यह वांछनीय नहीं है, लेकिन शंकु (कोन) किस्म के लाउडस्पीकर प्रौद्योगिकी की यह विवशता है।

2. डायनोरा के विनिर्माता हमारे उच्च वोल्टता के 12.5% स्थैर्य (ई.एच.टी.) के आंकड़े से सहमत नहीं थे। 'वायस' का यह निर्णय था कि ई.आर.टी.एल.(एन) के परीक्षण आंकडों को ही माना जाए।

'छटा' के परिणाम में 'वॉयस' की ओर से भेजी गई सूचना में टंकन की गलती रह गयी थी। सही श्रेणीकरण 'अच्छा' था, 'औसत' नहीं। यह गलती सुधार ली गयी और विनिर्माताओं को सूचित कर दिया गया।

'निर्देश/संयुक्तीकरण' के श्रेणीकरण के बारे में यह निर्णय रहा कि ई.आर.टी.एल.(एन) का परिणाम ही मान्य होगा जो 'औसत' है। विनिर्माता चाहते थे कि यह 'अच्छा' कर दिया जाये। 'वॉयस' को यह मंजूर नहीं था।

3. टैक्सला के विनिर्माता नानलीनिअरिटी ड्यू टू 'स्कैनिंग हारिजंटल तथा 'एच.वी. स्टैबिलिटी' संबंधी आंकड़ों से सहमत नहीं थे। निर्णय यह रहा कि ई.आर.टी.एल.(एन) द्वारा प्रेषित परिणाम ही अंतिम माना जाये।

जहां तक 'कंट्रास्ट' का ताल्लुक है, टैक्सला के विनिर्माताओं का कहना था कि श्याम स्तर (ब्लैक लैवल) 2 निट्स पर रखा जाता है जो कि आई. एस.आई. मानक के अनुरूप है। ई.आर.टी.एल.(एन) ने तुलनात्मक परीक्षण करते समय सभी तेरह टी.वी. सैटों के लिए 3 निट्स का श्याम स्तर किया क्योंकि 2 निट्स पर 'कंट्रास्ट' अनुपात अभी विचाराधीन है।

4. अपट्रोन के विनिर्माताओं का कहना था कि अभिग्रहण (रिसेप्शन) विशेषताओं को आई.एस.आई. मानक के अनुसार नहीं मापा गया। इस पर हमारा कहना यह था कि आई.एस.आई. की कार्य-प्रणाली में वरणक्षमता की माप ही शामिल है जबकि हमारी माप अभिग्रहण विशेषताओं से ताल्लुक रखती थी। ये माप टी.वी. सैट के वास्तविक इस्तेमाल से संबद्ध थीं जिसमें ऊपर और नीचे के, दोनों पास के चैनल उपस्थित रहते हैं, जैसे कि केबल टी.वी. में। दूसरे, जब यह माप लिया जाता है, तब टी.वी. सैट को 'काला डिब्बा' माना जाता है और बाह्य एःजी.सी. आदि का प्रयोग नहीं किया जाता है।

'ह्वाइट बैलेंस तथा ह्यू' के बारे में उनका कहना था कि वे ह्वाइट बैलेंस गुलाबी दिशा में रखते हैं और बाज़ार में इसे बहुत पसंद किया जाता है। ई.आर.टी.एल.(एन.) द्वारा किए गए मापन में ज्यूरी के कुछ सदस्यों को भी शामिल किया गया था और तेरहों टी.वी. सैटों के तुलनात्मक परीक्षण में व्यक्तिनिष्ठ आधार पर पक्षों का श्रेणीकरण किया गया था।

टंकन की भी एक गलती पकड़ी गयी। 'ह्यू' का सही श्रेणीकरण 'औसत' था, जिसे विनिर्माताओं को सूचित कर दिया गया।

जहां तक 'वैद्युत श्रव्य आवृत्ति प्रतिक्रिया' (इलैक्ट्रिकल ऑडियो फ्रीक्वेंसी रिस्पोंस) का ताल्लुक है, विनिर्माताओं का कहना था कि उनके इन मॉडल-विशेष में 'आवृत्ति प्रक्रिया' इस तरह आकल्पित की गयी है कि स्पीकर का आधार कैबिनट के खुले मुंह के अनुरूप हो और श्रव्य गुणवत्ता ग्राहक को स्वीकार्य हो। इसके अलावा संदर्भ स्तर के अनुरूप 'रिस्पोंस' को कम-ज्यादा किया जा सकता है।

ई.आर.टी.एल.(एन) तथा 'वॉयस' का कहना था कि जिस समय परीक्षण हो रहा हों, उस समय समायोजन नहीं किये जा सकते, न ही उनकी 'निर्देश पुस्तिका' में ऐसा कोई उल्लेख है।

5. ऑपटोनिका के विनिर्माताओं ने दो पहलुओं–वरणक्षमता तथा सुग्राहिता पर टिप्पणियां कीं।

'वरणक्षमता' पर उनकी टिप्पणियां वैसी ही थीं जैसी कि अपट्रोन के विनिर्माताओं की, और वे अभिग्रहण विशेषताओं पर आधारित थीं। हमारी टिप्पणियां भी वहीं थीं जो हमने अपट्रोन के बारे में दी थीं।

विनिर्माताओं ने 'सुग्राहिता' के लिए अपने ही माप आंकड़े दिये और 'वॉयस' द्वारा दिये गये आंकड़ों के प्रति असहमति दिखायी। बहरहाल, फैसला यही हुआ कि ई.आर.टी.एल.(एन) के आंकड़ों को ही मान्यता दी जाये।

6. नैल्को के विनिर्माताओं ने बस एक ही टिप्पणी की। उनका कहना था जिस क्रम संख्या वाले टी.वी. सैट पर परीक्षण किये गए थे, वह संख्या उनके रिकार्ड की संख्या से मेल नहीं खाती।

'वॉयस' ने उन्हे निम्नलिखित उत्तर भेजा :

सैट उनके प्राधिकृत विक्रेता से खरीदा गया था। माप लेते समय ई.आर. टी.एल.(एन) का यह कहना था कि सैट के भीतर बेहद धूल पड़ी थी, लगता था कि सैट काफी अर्से तक पैकिंग से बाहर रहा है और पी.सी.बी. (परिपथ बोर्ड) पर फिर से काफी काम हुआ है।

7. वैस्टन के विनिर्माताओं–वैस्टन इलैक्ट्रानिक्स लि०–की टिप्पणी थी कि 'वर्ण तथा छटा की स्वच्छता' के बारे में कही गयी बातें 'व्यक्तिपरक' हैं और इन पक्षों का मूल्यांकन करते समय विनिर्दिष्ट पाठयांक (रीडिंग) नहीं लिए गए। उनका यह भी कहना था कि उनका टी.वी. सैट 'संतोषजनक' है और उसे आई.एस.आई. का चिह्न आई.एस--10662-83 मिला हुआ है।

प्रत्युत्तर में 'वॉयस' का कहना था कि 'वर्ण तथा छटा की स्वच्छता' संबंधी परीक्षण उनके परीक्षण कार्यक्रम का एक अंग है और इसे तैयार करते समय एस.टी.क्यू.सी. (इलैक्ट्रानिक्स निदेशालय), बी.आई.एस. तथा विनिर्माताओं से सलाह की गयी थीं। इन दोनों पहलुओं को भारतीय मानक आई.एस. 10662 में कोई स्थान नहीं दिया गया, लेकिन 'क्रोमीनेंस' त्रुटियों को स्थान दिया गया है, और इसके लिए प्रयोगशाला में परीक्षण हुए। ये परीक्षण हैं तो व्यक्तिपरक,

पर वस्तुपरक प्रणालियों पर आधारित हैं। समुचित परीक्षण चार्ट पाने के लिए फिलिप्स पी.एम. 5518 तथा 5534 पैटर्न जैनरेटर इस्तेमाल किये जाते हैं, और सभी तेरह नमूनों को एक ही परीक्षण पर जांचा गया। स्वतंत्र तकनीकी विशेषज्ञों ('वायस' से असंबद्ध) ने प्रयोगशाला में 5-बिंदु मापक्रम पर श्रेणीकरण किया। 'वर्ण स्वच्छता' के लिए वैस्टन को 2.33 अंक मिले जो 5-बिंदु मापक्रम पर 'निकृष्ट' माने गये हैं। रंग भी फैल रहा था। 'छटा' के लिए वैस्टन को 1.33 अंक मिले जो 5-बिंदु मापक्रम पर 'अति निकृष्ट' माना जाता है, और पर्दे के बायें ओर एक धब्बा (पैच) भी देखा गया। इसलिए वैस्टन की आपत्तियां ठीक नहीं दिखी।

संलग्नक-1

तुलनात्मक परीक्षण कार्यक्रम के लिए महत्त्व-भार (ह्वेटेज योजना) रंगीन टी.वी--51 सेंमी.

महत्त्व-भार

15% **अभिग्रहण** (चैनल की वरणीयता)

- 40% वरणीयता
- 60% सुग्राहिता

35% **चित्र गुणवत्ता**

- 10% स्पष्टता, विभेदन सहित
- 35% चित्र त्रुटियां
  - 20% ज्यामिति
  - 25% फोकसिंग
  - 10% उच्च वोल्टता स्थैर्य
  - 25% वर्ण स्वच्छता
  - 20% छटा (वर्ण वितरण)
- 10% द्युतिशील परिवेशीय प्रकाश में विभेद (कंट्रास्ट)
- 30% दृश्य परीक्षण, वी.सी.आर. परीक्षण
- 15% ह्वाइट बैलेंस/ग्रेस्केल अनुवर्तन(ट्रैकिंग)

25% **ध्वनि की गुणवत्ता**

- 20% संगीत का ध्वनि दबाव

15% 1 के.एच.जेड़. के प्रति ध्वनि दबाव

5% आवृत्ति मीनो बाधा

15% आवृत्ति अनुक्रिया

45% श्रवण परीक्षण

15% **प्रयोग सहजता**

35% स्विच सुलभाता

45% प्रोग्रामन

20% निदेश/कनेक्शन

10% **बिजली की खपत और उतार-चढ़ाव**

30% बिजली का उतार चढ़ाव, प्रचालन वोल्टा फैलाव (रेंज) सहित

30% बिजली आवृत्ति विचलन (विरिएशन्स)

40% बिजली की खपत

संलग्नक-II

5-बिंदु मापक्रम पर टी.वी. सैटों का सापेक्ष श्रेणीकरण

ब्रांड का नाम	टैक्सला	डायनोरा	बी.पी.एल	टी.सीरीज़	बुश
मॉडल सं०	सी.पी-202ई	2051-एस	9003-ई.सी.एन.	7071	सी.टी. 3006
समग्र श्रेणी	4.1	4.0	4.0	3.9	3.9
पक्षों (पैरामीटर) के आधार पर					
अभिग्रहण गुण	3.9	3.5	3.7	4.0	3.4
चित्र गुण	4.0	4.4	4.1	3.6	3.7
ध्वनि गुण	4.4	4.2	3.7	4.0	3.8
प्रयोग सहजता	3.4	3.7	4.1	3.5	4.0
प्रयुक्त बिजली	4.6	3.8	4.6	4.6	5.0

ब्रांड का नाम	ऑपटोनिका	वीडियोकोन	ओनीडा	सोलिडेयर
मॉडल सं०	सी.एस. 5112	5104-ई	9999	कैट-2000 एन.आर.
समग्र श्रेणी	3.9	3.9	3.9	3.8
पक्षों के आधार पर				
अभिग्रहण गुण	3.2	3.5	4.0	3.6
चित्र गुण	3.8	3.9	3.8	3.8
ध्वनि गुण	4.1	4.0	3.9	4.1
प्रयोग सहजता	3.7	3.3	3.6	3.7
प्रयुक्त बिजली	4.6	4.6	4.6	4.2

ब्रांड का नाम	क्राउन	अपट्रोन	नैल्को	वैस्टन
मॉडल सं०	सी.टी. 701 डी.एक्स.	यू.वी. 654	सी.टी.2039 डी	सैट्रोन.V
समग्र श्रेणी	3.7	3.7	3.6	3.5
पक्षों के आधार पर				
अभिग्रहण गुण	3.6	3.8	4.2	4.1
चित्र गुण	3.5	3.2	3.2	3.0
ध्वनि गुण	4.0	3.9	4.1	3.6
प्रयोग सहजता	3.5	3.4	3.5	3.6
प्रयुक्त बिजली	4.6	4.6	4.2	4.6

कृपया नोट करें : अलग-अलग ब्रांड की समग्र श्रेणी संलग्नक-I में दिये गये पक्षों के महत्त्व-भार पर आधारित है।

संलग्नक-III

विभिन्न पक्षों के आधार पर रंगीन टी.वी. सैटों की कार्य-क्षमता

पक्ष/संकेत	ए	बी	सी	डी	ई	एफ	जी	एच	आई	जे	के	एल	एम
समग्र श्रेणीकरण	अ	औ	अ	अ	अ	अ	अ	अ	अ	अ	अ	अ	अ
अभिग्रहण वरणीयता गुण	औ	अ	औ	नि०	नि०	नि०	औ	अ	औ	औ	औ	औ	नि०
सुग्राहिता	ब.अ.	अ	अ	अ	अ	ब.अ.	बअ	अ	अ	ब.अ	अ.	ब.अ	ब.अ
चित्र गुण स्पष्टता	अ	औ	अ	अ	अ	अ	औ	अ	अ	अ	अ	अ	ब.अ.
विपर्यास (कंट्रास्ट)	अ	औ	औ	अ	औ	अ	औ	अ	ब.अ.	नि०	औ	नि०	अ
उच्च वोलटत्ता स्थैर्य	ब.अ.	औ	अ	औ	ब.अ.	अ	अ	औ	ब.अ.	औ	औ	औ	औ
प्रेक्षण परीक्षण	अ	औ	अ	औ	औ	औ	औ	अ	औ	औ	अ	औ	अ
ध्वनि गुण													
एस.पी.एल.													
संगीत आवृत्ति	अ	अ	ब.अ	ब.अ	अ	अ	अ	अ	अ	अ	अ	अ	ब.अ.
अनुक्रिया	अ	औ	अ	अ	औ	औ	अ	ब.अ.	ब.अ.	ब.अ.	औ	अ	अ
श्रवण परीक्षण	अ	अ	अ	अ	अ	अ	अ	अ	अ	अ	अ	अ	अ
प्रयोग सहजता													
स्विच सुलभता	अ	अ	अ	अ	अ	अ	औ	औ	अ	औ	अ	अ	अ
प्रोग्रामन	औ	अ	औ	अ	अ	अ	अ	औ	औ	औ	अ	औ	अ
निर्देश पुस्तिका	अ	औ	औ	अ	अ	अ	अ	औ	औ	अ	अ	अ	औ
शक्ति खपत	अ	अ	अ	अ	ब.अ.	अ	औ	अ	अ	अ	औ	अ	औ
अतिरिक्त सूचना	2	4	1					6			3	5	

श्रेणीकरण संकेत एवं टिप्पणियाँ

ब.अ	बहुत अच्छा	ए	ओनीडा	एच	टैक्सला
अ.	अच्छा	बी	वैस्टन	आई	क्राउन
औ	औसत	सी	वीडियोकोन	जे	टी. सीरिज़
नि०	निकृष्ट	डी	ऑपटोनिका	के	सोलिडेयर
अ.नि०	अतिनिकृष्ट	ई	बुश	एल	अपट्रोन
		एफ	बी.पी.एल.	एम	डायनोरा
		जी	नैल्को		

1. भीतर बने लाउडस्पीकर नहीं हैं। दो स्पीकर बाहर से लगाने पड़ते हैं।
2. सुरक्षा की अनिवार्यताएं पूरा नहीं करता, क्योंकि परावैद्युतीय शक्ति (डायलेक्ट्रिक स्थैग्थ) का परीक्षण करते समय 1.65 के.वी.-आर.एम.एस. पर फ्लैशओवर हुआ, जब कि 4.24 के.वी. तक कोई फ्लैश ओवर नहीं होना चाहिए।
3. परावैद्युतीय शक्ति का परीक्षण करते समय 1.9 के.वी. पर क्षणदीप्ति हुई, जब कि 4.24 के.वी. तक ऐसी दीप्ति नहीं होनी चाहिए।
4. जिस समय मेन कार्ड स्थिरिकरण का परीक्षण हो रहा था, 18 मि.मी. तक कॉर्ड आ गयी जब कि 2 मि.मी. से अधिक नहीं आनी चाहिए।
5. इस पर आई.एस.आई. का अंकन है।

संलग्नक-IV

रंगीन टी.वी. सैटों के अभिलक्षण

अभिलक्षण	मॉडल												
1. ब्रांड	ए	बी	सी	डी	ई	एफ	जी	एच	आई	जे	के	एज	एम
2. मॉडल	9999	सैट्रोन-V	5104-ई	सी.एस 5112	सी.टी. 3006	9000 ई.सी.एन.	सी.टी. 2039-डी	सी.पी. 202-ई	सी.टी. 701-डीएक्स	7071	कैट 2000 एन.आर.	यू.वी. 654	2051 एस
3. अनुमोदन चिह्न	–	–	–	–	–	–	–	आई.एस.	–	–	–	–	–
4. विस्तार (मि.मी. में)													
चौड़ाई	565	620	487	505	565	518	482	500	616	645	490	500	520
ऊंचाई	460	430	452	425	460	470	435	485	422	445	455	460	500
गहराई	495	470	465	480	480	470	480	480	455	470	475	465	485
5. वज़न (कि.ग्रा में) पुस्तिका अनुसार	20.9	23	दिया नहीं	20	20.6	20	20	24	दिया नहीं	23	22	दिया नहीं	20.8
6. बिजली की खपत (वाट्स में)	68	72	72	72	63	73	77	73	67	68	80	69	86
7. जोड़													
(अ) बाहरी लाऊडस्पीकर	–	–	हां	–	–	–	–	–	–	–	–	–	–
(आ) कान/सरफोन जैक	–	–	–	–	–	हां	–	–	हां	–	–	–	–
(ई) रिकार्डर लाइन	–	–	–	–	–	–	–	–	–	–	हां	–	–
(ए) वीडियो (आगमन/निर्गम)	–	–	–	–	–	केवल भीतर	–	–	–	–	भीतर तथा बाहर	–	–

(जारी...)

ब्रांड	ए	बी	सी	डी	ई	एफ	जी	एच	आई	जे	के	एल	एम
8. विविध													
(अ) पर्दे पर प्रोग्राम चैनल प्रदर्शन	–	हां	हां	हां	हां	–	हां	हां	हां	हां	हां	हां	–
(आ) विभेद/द्युति/ध्वनि का पर्दे पर प्रदर्शन	–	–	–	–	–	हां	–	–	–	–	–	–	हां
9. नियंत्रण													
(अ) प्रोग्राम प्रिसैट	हां	हां	हां	हां	हां	हां	हां	हां	हां	हां	हां	हां	हां
(आ) ट्यूनिंग मैन्यूअल(एम)इलैक्ट्रानिक(ई)	एम	एम	एम	ई	ई	ई	ई	एम	एम	एम	एम	एम	ई
(ई) प्रोग्राम सं० प्रिसैट	8	8	12	19	16	32	10	12	12	8	7	6	30
(ए) द्युति,कंट्रास्ट,वर्ण	हां	हां	हां	हां	हां	हां	हां	हां	हां	हां	हां	हां	हां
(ओ) आर.एफ. चैनल सिलैक्टर ऑन स्क्रीन	–	–	–	–	–	हां	–	–	–	–	–	–	हां
(औ) ट्यूनिंग अप/डाऊन व्हील(डब्लू), बटन(बी)	डब्ल्यू	डब्ल्यू	डब्ल्यू	बी	बी	बी	बी	डब्ल्यू	डब्ल्यू	डब्ल्यू	डब्ल्यू	डब्ल्यू	बी

संकेत

ए	ओनीडा	ई	बुश	जे	टी.सीरीज़
बी	वैस्टन	एफ	बी.पी.एल	के	सोलिडेयर
सी	वीडियोकोन	जी	नैल्को	एल	अपट्रोन
डी	ऑपटोनिका	एच	टैक्सला	एम	डायनोरा
		आई	क्राउन		

श्रेणीकरण : समग्र

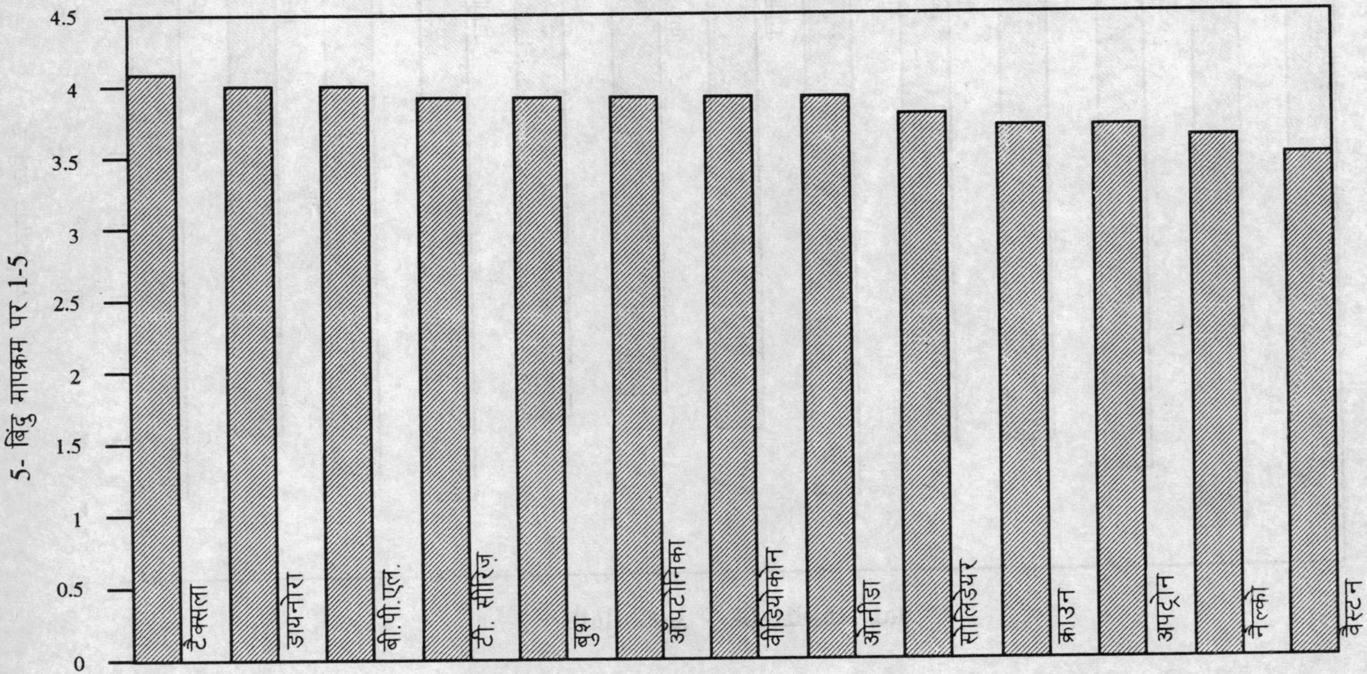
5- बिंदु मापक्रम पर 1-5
4.5
4
3.5
3
2.5
2
1.5
1
0.5
0
टैक्सला
डायनोरा
बी.पी.एल.
टी. सीरिज़
बुश
ऑपटोनिका
वीडियोकोन
ओनीडा
सोलिडेयर
क्राउन
अपट्रोन
नैल्को
वैस्टन

श्रेणीकरण : अभिग्रहण गुण

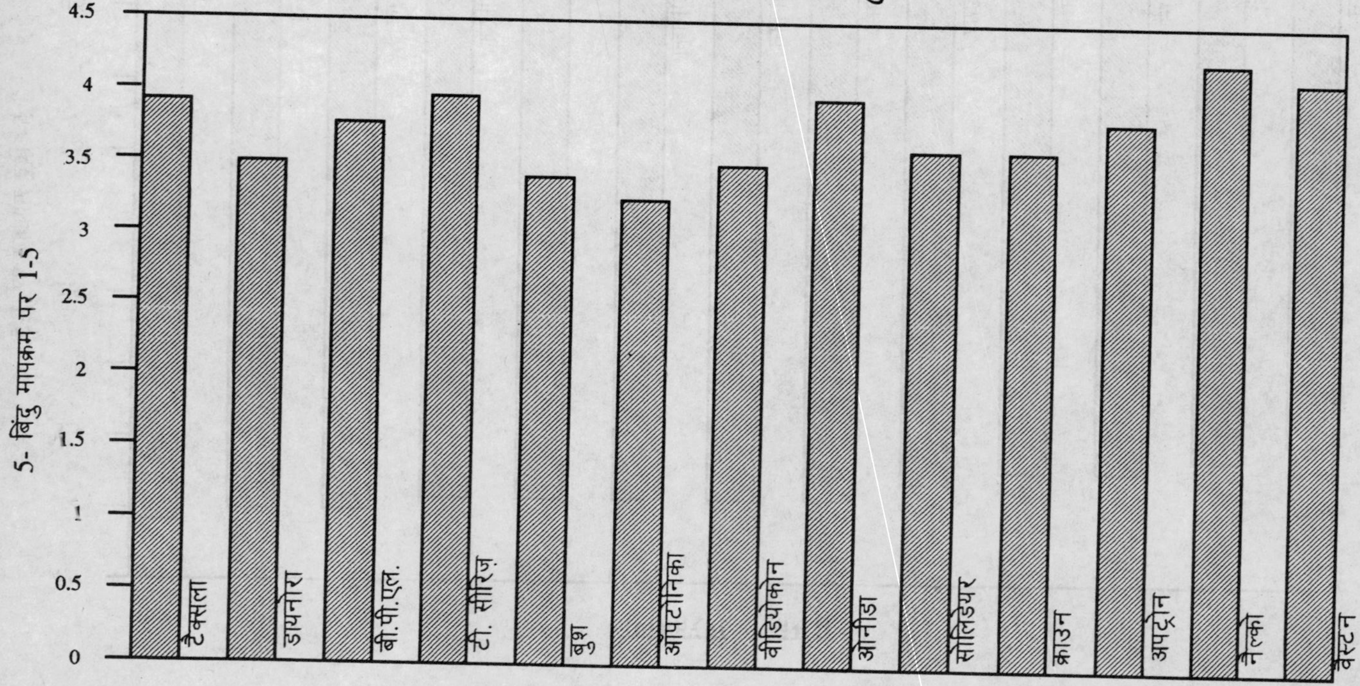

श्रेणीकरण : चित्र गुण

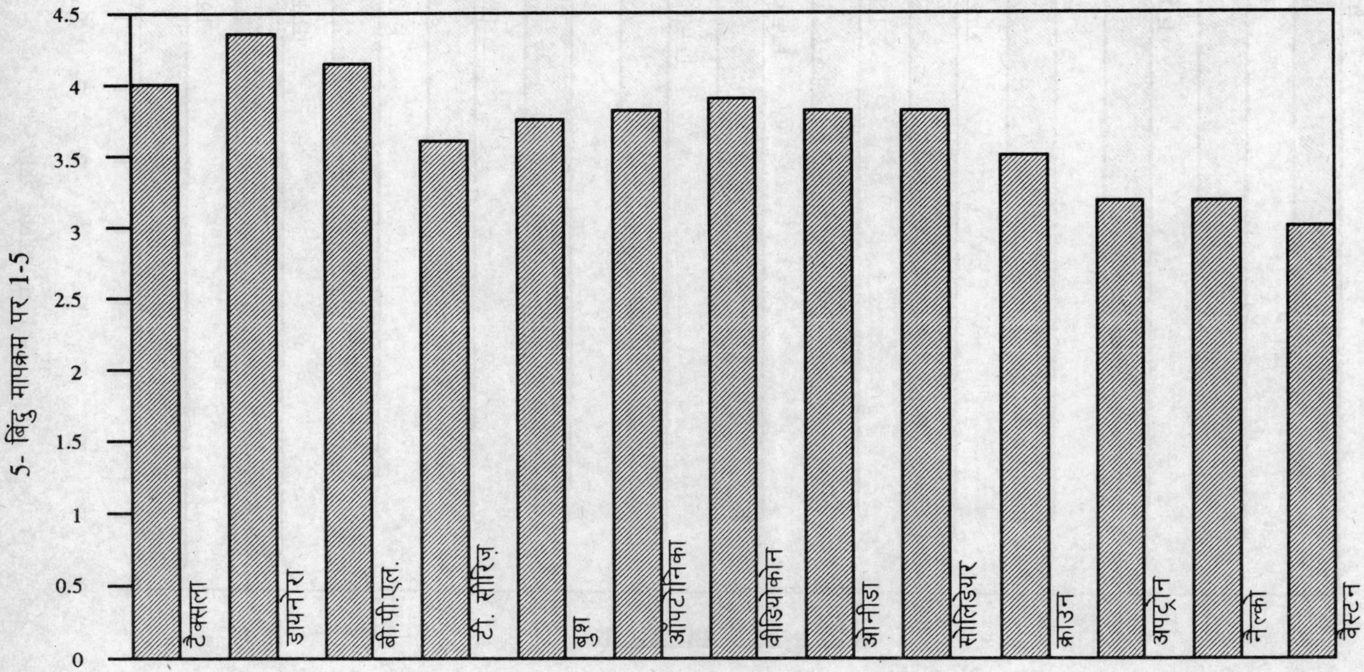

श्रेणीकरण : ध्वनि गुण

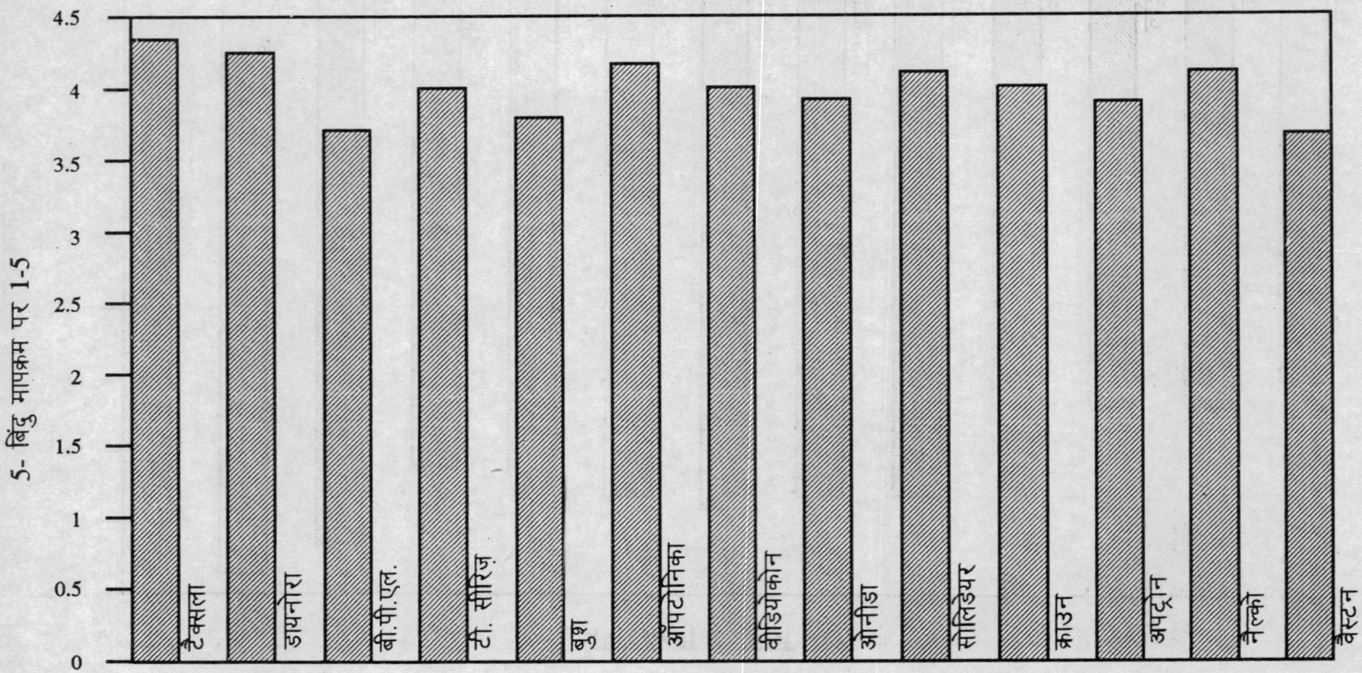

श्रेणीकरण : प्रयोग सहजता

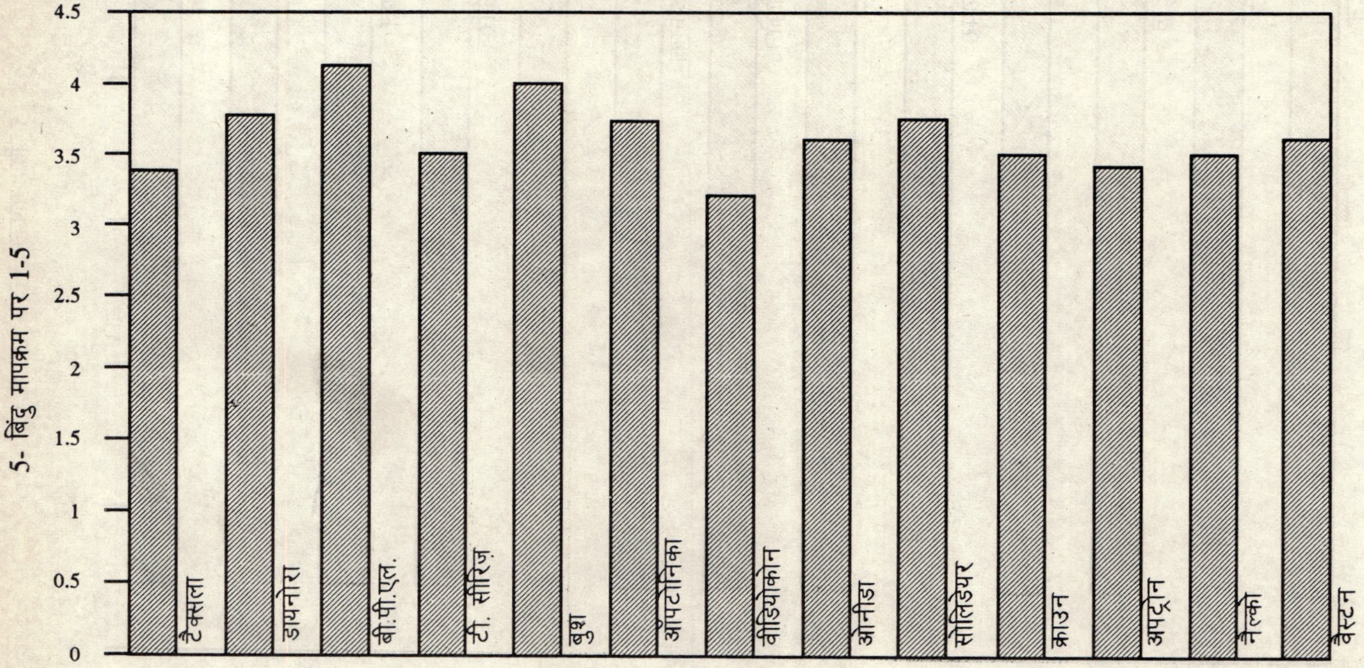

श्रेणीकरण : बिजली की खपत

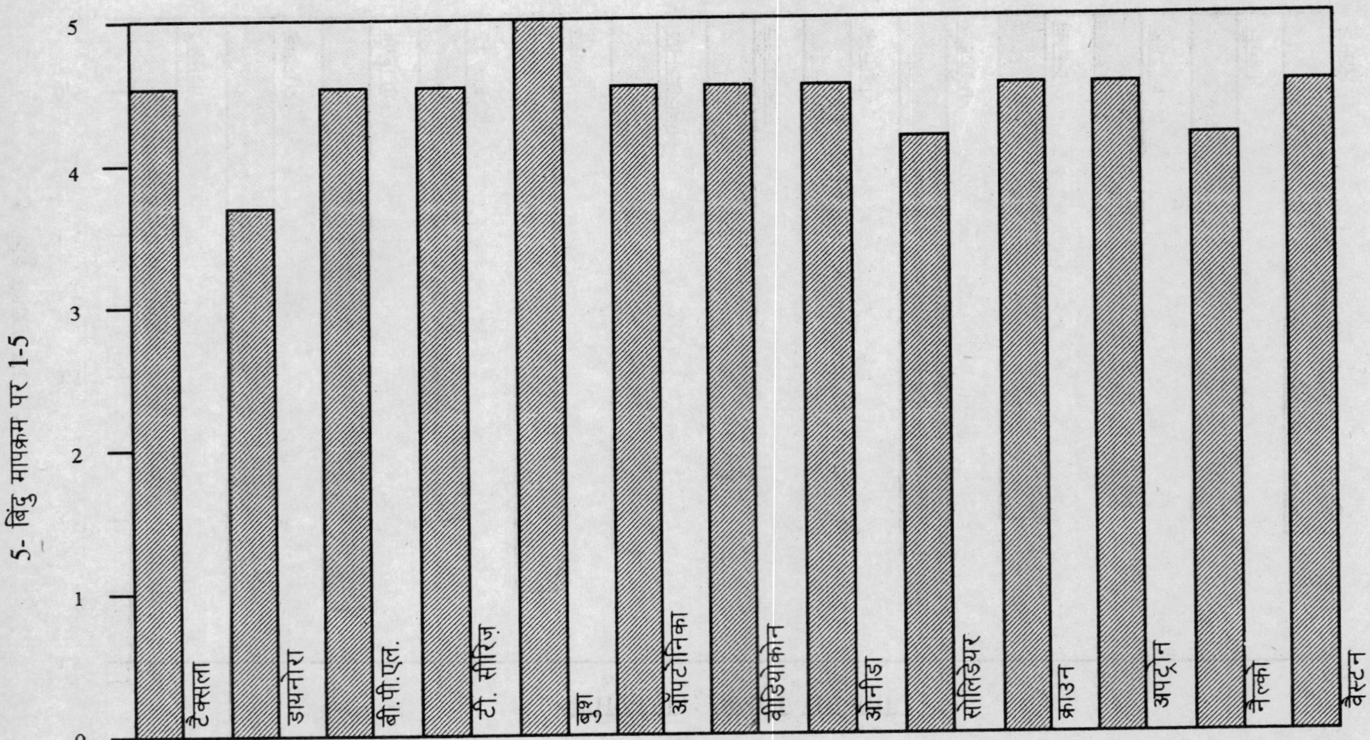

भाग-दो

7

प्रचालन निर्देश

हर टी.वी. सैट के खरीदार को 'प्रचालन निर्देश' की एक पुस्तिका दी जाती है, इसे ऑपरेटिंग मेन्यूअल, इंस्ट्रक्शन मैन्यूअल या यूसर्ज़ मैन्यूअल भी कहा जाता है। यह बहुत काम की चीज़ है। अगर खरीद करते समय यह न मिले तो खरीदार को चाहिए कि वह इसकी मांग करे। इस पुस्तिका में निम्नलिखित जानकारी रहती है :

- टी.वी. सैट की हिफाज़त और सुरक्षा संबंधी आवश्यक चेतावनियां और बचाव के तरीके।
- एंटेना के चुनाव और उसे लगाने के बारे में जानकारी
- विभिन्न नियंत्रकों संबंधी जानकारी (आरेखों सहित)
- सामान्य प्रचालन संबंधी अनुदेश (जैसे ट्यूनिंग विधि, चित्र समायोजन संबंधी नियंत्रण आदि)
- दोष के लक्षणों की पहचान और यह जाँच करने की जानकारी कि क्या ये दोष टी.वी. सैट के हैं
- वी.सी.आर से जोड़ने संबंधी मार्ग-दर्शन
- सैट संबंधी तकनीकी विनिर्देश
- वारंटी संबंधी निबंधन और शर्तें

निर्देश पुस्तिका विनिर्माता द्वारा तैयार करवायी जाती है और वही इसे जारी करता है। कई बार निर्देश और मार्गदर्शन के विवरण अलग-अलग होते हैं। उदाहरणार्थ : अन्य बातों के अलावा यह भी बताया जा सकता है कि वोल्टता स्थिरकारी (वोल्टेज स्टैबेलाइज़र) की जरूरत है कि नहीं, रंगीन टी.वी. देखने के लिए कमरे में कितनी रेशनी होनी चाहिए, टी.वी. सैट कितनी दूरी से देखा

जाये, क्या सैट को धातु की ट्राली पर रखना उचित है, इत्यादि।

जिन टी.वी. सैटों पर भारतीय मानक ब्यूरो का आई.एस.आई. अंकन है, उनमें ब्यूरो द्वारा निर्दिष्ट सभी प्रकार की अंत:-निर्मित सुरक्षा व्यवस्था होगी। फिर भी खरीदार को अचानक होने वाले नुक्सान से बचने के लिए जरूरी एहतियात तो बरतनी ही होगी। ब्यूरो ने सुरक्षा संबंधी निम्नलिखित निदेशों की सिफारिश की है :

- अपने टी.वी. सैट को किसी ऐसी ट्राली या मेज पर न रखो जो हिलता हो।
- ध्यान रहे कि एंटेना के पास ऊपर से गुजरने वाली बिजली का तार न हो। क्योंकि इससे जरा से संपर्क होने से भी जानलेवा नुक्सान हो सकता है।
- पॉवर कार्ड पर कुछ भी पड़ा नहीं होना चाहिए। दूसरे, यह इस तरह न पड़ी हो कि कोई इसके ऊपर से होकर गुज़रे।
- जिस समय टी.वी. चालू हो, इसे एक जगह से दूसरी जगह नहीं ले जाना चाहिए, क्योंकि थोड़ा सा झटका लगने से भी दुर्घटना हो सकती है या टी.वी. सैट को नुक्सान पहुंच सकता है।
- बैठने की व्यवस्था ऐसी हो कि टी.वी. सैट का पर्दा देखने वाले की आंख की ऊंचाई के बराबर हो।
- टी.वी. सैट देखने की दूरी चित्र की ऊंचाई से छः गुना अधिक होनी चाहिए। 51 से.मी. पर्दे के लिए यह दूरी 2 मीटर होगी।
- यदि बाहर बिजली चमक रही हो तो बेहतर यही होगा कि सैट से एंटेना की तार अलग कर दी जाए और उस समय भी ऐसा ही करना चाहिए जब लंबे समय तक सैट का इस्तेमाल न हो रहा हो।

पुस्तिका में कई प्रकार की हिदायतें लिखी रहती हैं। इन तमाम हिदायतों को ठीक से पढ़ना चाहिए और पुस्तिका को संभालकर रखना चाहिए ताकि जरूरत पड़ने पर उसे फिर देखा जा सके।

अधिक आवश्यक चेतावनियां और सावधान रहने संबंधी निर्देश इस प्रकार हैं :-

- यदि टी.वी. सैट लंबे समय इस्तेमाल न होना हो, तो प्लग को पॉवर

प्वाएंट से बाहर निकाल देना चाहिए।

- सैट को बारिश या अधिक नमी में मत रखें। इससे सैट में आग लग सकती है या बिजली का झटका लग सकता है।
- एक्स्टेंशन कॉर्ड या मेन प्वाएंट पर ज़्यादा बोझ मत डालें। इससे भी आग लग सकती है या बिजली का झटका लग सकता है।
- बिजली के पुर्जों को खराब होने से बचाने के लिए पर्याप्त संवातन (वेंटीलेशन) का होना जरूरी है। जहां-तहां कैबिनेट में सुराख हैं, या जहां-तहां संवातन के लिए व्यवस्था की गयी है, वहां-वहां वह व्यवस्था बनी रहनी चाहिए और इस बात का ध्यान रखना चाहिए कि सैट ज़्यादा गरम न हो। जिस समय टी.वी. सैट चल रहा हो, उस समय ये सुराख रूकने नहीं चाहिए। निचले हिस्से को ऐसी जगह पर नहीं रखें जहां सुराख रूकते हों, जैसे–बिस्तर पर, सोफे पर या गलीचे पर। सैट के आस-पास संवातन इसलिए भी जरूरी है कि वह गरम न हो।
- टी.वी. सैट सीधे सूरज की रोशनी में न रखें और न ही ऐसी जगह जहां से गरमी आती हो।
- कैबिनट तथा पिक्चर ट्यूब को साफ और नरम कपड़े से पौछना चाहिए। उस कपड़े को हलके डिटर्जेंट में भिगोया जा सकता है। लेकिन ऐसे घोल का इस्तेमाल न करें जिस में बैंजोल/पेट्रोलियम या कोई रसायन मिला हो। साफ करने से पहले टी.वी. सैट का प्लग मेन प्वाइंट से निकाल लें। सैट पर लिक्विड क्लीनर या एक्रोसोल क्लीनर सीधे-सीधे न लगाएँ।
- कैबिनट का पिछला आवरण नहीं उतारें, क्योंकि इस से सजीव भागों से छू जाने का डर है जहां वोल्टता बहुत खतरनाक हो सकती है।
- संवातन सुराखों के जरिये सैट के भीतर कुछ नहीं जाना चाहिए। हमारा अभिप्राय सिक्कों, खिलौनों तथा बालों के पिन इत्यादि से है।
- रंगीन टी.वी. के पास स्पीकर, आडियो सिस्टम के कालम, रेफरिजरेटर इत्यादि कुछ भी चुंबकीय सामग्री नहीं रहनी चाहिए, क्योंकि इससे पर्दे पर अवांछित वर्ण पट्टियां आ जाती हैं।
- टी.वी. सैट बिजली के उसी स्रोत पर चलना चाहिए जिसके लिए प्रचालन पुस्तिका में विनिर्देश है। यदि आप यह नहीं जान पा रहे कि आपके

यहां किस प्रकार की बिजली है तो अपने विक्रेता या स्थानीय विद्युत प्रदाय कार्यालय से पता करें।

कटे-फटे या खुले पॉवर कॉर्ड से आग लग सकती है या बिजली के झटके का खतरा हो सकता है। इसलिए हमेशा ध्यान रहे कि पॉवर कॉर्ड पर कोई भी भारी वस्तु नहीं रखी हो। कॉर्ड को ऐसे उपयंत्रों से दूर रखो जिनसे गरमी निकलती हो। कॉर्ड में गांठे या बल नहीं पड़ने चाहिए। जिस समय प्लग को साकेट से निकालना हो, उस समय प्लग को ही सॉकेट से निकालें, कॉर्ड को न खींचें।

8

वारंटी/गारंटी तथा बिक्री-उपरांत सेवा

ग्राहक को रंगीन टी.वी. सैट खरीदने पर व्यापारी अथवा विक्रेता से आम तौर पर जो प्रचालन पुस्तिका मिलती है, उसमें वारंटी संबंधी निबंधन और शर्तें होती हैं। इस पुस्तिका के साथ वारंटी कार्ड की दो प्रतियां भी होती हैं। उनमें से एक प्रति खरीदार अपने पास रखता है और दूसरी वह दिये गये पते पर वारंटी के पंजीकरण के लिए सेवा केंद्र को डाक से भेजता है।

वारंटी कार्ड पर सैट संबंधी निम्न विवरण दिये जाने चाहिए :--

- मॉडल संख्या तथा क्रम संख्या (चैसी संख्या)
- खरीदार का नाम और पता
- विक्रेता का नाम और पता
- खरीद की तिथि

वारंटी कार्ड भेजते समय उस पर खरीदार के हस्ताक्षर जरूर होने चाहिए, साथ में विक्रेता के भी, और उसकी मुहर भी। यह ध्यान देने की बात है कि वारंटी तभी कारगार समझी जाती है जब खरीद प्राधिकृत विक्रेता से ही की जाये। इसलिए यदि खरीदार आवश्यक समझे तो वह विक्रेता से उसके प्राधिकृत होने का प्रमाणपत्र देखने की भी मांग कर सकता है।

वारंटी क्या है?

वारंटी विक्रेता (विनिर्माता/व्यापारी) की ओर से खरीदार को दिया यह वचन है कि निर्धारित अवधि तक खरीदे गय़े टी.वी. सैट की मरम्मत या उसके पुर्जों की बदली नि:शुल्क की जाएगी। वारंटी गारंटी से अलग है। गारंटी में गुणवत्ता के प्रति वचनबद्धता होती है। कई बार ये सैट विनिर्माण दोषों या उनके कल-पुर्जों के प्रति खरीद तिथि से एक वर्ष तक की गारंटी लिये रहते हैं। कई बार यह लिखा रहता है कि विनिर्माता की ओर से इस बात की वचनबद्धता है कि विनिर्दिष्ट ब्रांड का हर टी.वी. सैट में प्रयुक्त सामान तथा कारीगरी

दोषमुक्त है, तथा विनिर्दिष्ट सेवा केंद्र खरीद तिथि से 12 महीनों के भीतर टी.वी. सैट में कोई दोष आने पर उसकी मरम्मत करेगा या उसके पुर्जे बदलेगा।

लेकिन कानून के अनुसार यह माना गया है कि चाहे वारंटी की अवधि विनिर्दिष्ट हो, पर इसका यह अर्थ नहीं होता कि गुणवत्ता के प्रति वचनबद्धता भी उतनी ही अवधि तक के लिए है। पर यदि खरीदार दोषपूर्ण पुर्जों को बदलवाना चाहता है तो यह काम वारंटी अवधि के दौरान ही होगा। कानून का यह भी कहना है कि जब ग्राहक वारंटी की अवधि जानता है और उसके बावजूद अपनी खरीद करता है तो वह एक तरह से वारंटी की शर्तें स्वीकार करता है। इसलिए बाद में वह यह नहीं कह सकता कि वारंटी की अवधि पूरी हो जाने पर भी उसके सैट के पुर्जे निशुल्क बदले जायें। (सोलिडेयर इंडिया लि० बनाम डी.ए. मोहनकुमार (i) 1992 सी.पी.एल 177)।

जब वारंटी कार्ड में टी.वी. सैट की वारंटी अवधि उल्लिखित नहीं होती, और यह संदेह हो कि सैट में दोष वारंटी अवधि के दौरान आया है या नहीं, तब कानून के अनुसार हर ग्राहक वारंटी/गारंटी की अवधि के बारे में पूछताछ करने का हक रखता है, और अगर ऐसी चूक हो भी गयी है तो विक्रेता उसका नाजायज फायदा नहीं उठा सकता। वारंटी की अवधि आम तौर पर एक से दो साल होती है (मेसर्ज़ श्योर मार्केटिंग सर्विसिज़ बनाम लियो डिसूज़ा (II) 1992 सी.पी.जे 364)। जब कोई टी.वी. सैट दोषपूर्ण है और वह बदल भी दिया जाता है, तब भी उसकी गारंटी अवधि तो रहेगी ही, लेकिन अगर वारंटी अवधि समाप्त होने पर टी.वी. सैट खराब हो जाता है, तो कानून के अनुसार उसे चालू हालत में करने के लिए मरम्मत की जाए, पर वारंटी अवधि को और बढ़ा देना उपभोक्ता संरक्षण अधिनियम के अंतर्गत उपभोक्ता फोरम के अधिकार क्षेत्र से बाहर माना गया (बी.पी.एल. इंडिया लि० बनाम ए.के. कोठारी (1992) सी.पी.जे 306)।

वारंटी के निबंधन और शर्तें

किसी टी.वी. सैट का विनिर्माता अपने टी.वी. सैट के खरीदार को यह वारंटी देता है कि उसके टी.वी. सैट में सामान या कारीगरी की दृष्टि से कोई दोष नहीं है। वह यह वचन भी देता है कि यदि टी.वी. सैट में विनिर्दिष्ट अवधि के दौरान कोई त्रुटि या दोष आ जायेगा तो वह उसकी मरम्मत करेगा या उसका पुर्जा बदलकर लगायेगा। लेकिन वारंटी किन्हीं शर्तों के तहत ही लागू होती है। आम तौर पर निम्नलिखित शर्तें निर्दिष्ट होती है :-

- वारंटी के अंतर्गत उपलब्ध लाभ खरीदे गये टी.वी. सैट पर तथा उसके

पहले खरीदार को ही मिलेंगे। (कई बार यह भी लिखा रहता है कि ये लाभ बिक्री के नगर की नगरपालिका सीमाओं के भीतर ही उपलब्ध होंगे।

- सैट के साथ अगर कोई दूसरा सामान (जैसे एंरियल, एंटेना या ड्राइ सैल इत्यादि) दिया गया है, तो वारंटी उस पर लागू नहीं होगी। वारंटी टी.वी. सैट के पुर्जों तक ही सीमित होती है कैबिनट या दूसरे सजावटी सामान इसके अंतर्गत नहीं आता है।
- वारंटी के अंतर्गत खरीदार के निवास स्थान की स्थिति के कारण पैदा होने वाली कपट छवियों (बहुल प्रतिबिंब) और/या चित्र में म्लानन (फेडिंग) प्रभाव के प्रति भी कोई वचनबद्धता नहीं होगी।
- यदि कंपनी का सेवा केंद्र टी.वी. सैट की मरम्मत की ज़िम्मेदारी लेता है तो टी.वी. सैट को सेवा केंद्र तक लाने-ले जाने का खर्च ग्राहक को उठाना पड़ेगा। इस लाने-ले जाने में यदि टी.वी. सैट को कोई नुक्सान पहुंचता है तो वारंटी के अंतर्गत उसे पूरा नहीं किया जायेगा।
- यदि विक्रेता वारंटी की शर्तें पूरा करने में कुछ खर्चे की मांग करता है तो कंपनी उसके लिए ज़िम्मेदार नहीं होगी।
- यदि पुर्ज़े नहीं मिल पा रहे हैं और उसके कारण सैट को दोषरहित करने में देर हो रही है तो कंपनी उसके लिए जिम्मेदार नहीं होगी। इस देरी के कारण यदि किसी और किस्म का, प्रत्यक्ष या अप्रत्यक्ष, नुक्सान होता है, तब भी कंपनी उसके लिए जिम्मेदार नहीं होगी।
- वारंटी में एंटेना या ट्रांसफार्मर के रख-रखाव की जिम्मेदारी शामिल नहीं।
- यदि नीचे दिये कारणों से टी.वी. सैट में कोई दोष आता है तो वारंटी लागू नहीं होगी और न ही कंपनी उसके लिए ज़िम्मेदार होगी :

(अ) टी.वी. सैट के साथ छेड़छाड़ करना और अनाधिकृत रूप से उसमें कोई परिवर्तन करना या उसके पुर्जों को बदलना, या प्राधिकृत विक्रेता के एजेंट या कंपनी के सर्विस इंजीनियरों के अलावा किसी अन्य व्यक्ति से उसकी मरम्मत इत्यादि करवाना।

(आ) सैट का दुरूपयोग दुर्घटना उपेक्षा या उसके परिणामस्वरूप हुआ नुक्सान।

(ई) सैट का गलत या लापरवाही से इस्तेमाल।

(ए) कंपनी के निर्देशों के अनुसार टी.वी. सैट का इस्तेमाल न करना।

कंपनी तब भी जिम्मेदार नहीं होगी, अगर :

(i) वारंटी कार्ड खो जाता है, कहीं रखकर याद नहीं रहता, उसकी शक्ल बिगड़ जाती है या कंपनी के अनुमति के बिना उसके किसी विवरण में तब्दीली की जाती है या उसे निकाल दिया जाता है।

(ii) सैट की क्रम संख्या मिटा दी जाती है, बिगाड़ दी जाती है या बदल दी जाती है।

(iii) वारंटी अवधि के दौरान सैट बदल लिया जाता है, बेच दिया जाता है या कहीं दे दिया जाता है।

कृपया नोट करें : वारंटी कार्डों पर अलग-अलग कंपनियों की निबंधन-शर्तों की भाषा अलग-अलग होती है।

9

कानून के अंतर्गत खरीदार के अधिकार

उन्नत प्रौद्योगिकी और भ्रामक विज्ञापनों के कारण उपभोक्ता के बढ़ते शोषण को देखकर संसद को उपभोक्ता के अधिकारों की रक्षा करने के लिए 1986 में उपभोक्ता संरक्षण अधिनियम बनाना पड़ा। यह अधिनियम सभी प्रकार के उपभोक्ताओं पर लागू होता है जिनमें टी.वी. के खरीदार भी शामिल हैं, लेकिन इनमें व्यापारी खरीदार शामिल नहीं हैं।

जब कोई उपभोक्ता टी.वी. सैट खरीदता है और सैट में कुछ दोष पाता हैं, या वह विक्रेता या विनिर्माता कंपनी के दावों के अनुरूप नहीं है, या बिक्री-उपरांत सेवा उपलब्ध नहीं करायी जा रही, तो उसे चाहिए कि वह सबसे पहले अपने विक्रेता से बात करे और उन दोषों को ठीक करवाये। अगर विक्रेता उसकी बात नहीं सुनता तो वह विनिर्माता के निकटवर्ती कार्यालय या सेवा केंद्र से संपर्क करे। ज़बानी कहने से अगर बात नहीं बनती तो उसे चाहिए कि वह रजिस्ट्री करवा कर या यू.पी.सी. द्वारा अपनी लिखित शिकायत भेजे और रजिट्री की रसीद या यू.पी.सी. का सर्टिफिकेट तथा शिकायत की प्रति अपने पास सुरखित रखे। अगर फिर भी सुनावाई नहीं होती तो उसे जिला फोरम से संपर्क करना चाहिए।

शिकायत जिला फोरम में ले जाने पर उसे उपभोक्ता संरक्षण अधिनियम 1986 की धारा-2(1) (ई) तथा धारा-12 के अंतर्गत पेश किया जाये। अपनी शिकायत में शिकायत करने वाले को यह साबित करना पड़ेगा कि उसके टी. वी. सैट में कुछ दोष है, या बिक्री-उपरांत सेवा में कमी है या कोई अनुचित व्यापारिक ढंग अपनाया गया है।

यदि उपभोक्ता उपर्युक्त में कुछ भी साबित कर पाता है तो अधिनियम की धारा-14 के तहत वह अधिकार प्राप्त कर लेता है कि उसके सैट का दोष दूर किया जाये या उसका सैट बिना कोई दाम लिये बदला जाये या उसे पूरी कीमत लौटायी जाये। इसके अलावा अगर उपभोक्ता को विनिर्माता या विक्रेता

की ओर से लापरवाही के कारण कोई क्षति या चोट पहुंची है तो फोरम उसके मुआवजे का आदेश भी दे सकता है बशर्ते कि ऐसे मुआवजे के लिए प्रार्थना की गयी हो।

उपभोक्ता संरक्षण अधिनियम के अंतर्गत समूची कार्यवाही बड़ी सरल है। उपभोक्ता को फोरम के समक्ष अपनी शिकायत को केवल पांच प्रतियों में पेश करना होता है, और सुनवाई की तिथि पर फोरम के सामने पेशी भुगतनी होती है। यह पेशी व्यक्तिगत रूप से भी हो सकती है, किसी मित्र के माध्यम से भी और किसी विश्वस्त व्यक्ति के माध्यम से भी। लेकिन मित्र या विश्वस्त व्यक्ति प्राधिकृत प्रतिनिधि हो और उसके पास मुख्तारनामा भी हो। किसी वकील की जरूरत नहीं। प्रतिपक्ष वाले अपना उत्तर देंगे, और यदि टी.वी. का दोष विवादास्पद हो तो उसे उपयुक्त प्रयोगशाला में भी भेजा जा सकता है, जिससे प्राप्त निष्कर्षों पर ही फोरम उचित आदेश देगा। कई बार प्रयोगशाला में जाने की जरूरत नहीं भी पड़ सकती और मामला दोनों पक्षों के सबूतों से ही तय हो सकता है।

उपभोक्ता के पास एक और चारा भी है। वह एकाधिकार और प्रतिबंधात्मक व्यापार अधिनियम, 1969 के अंतर्गत ए०प्र०व्य० आयोग के पास भी जा सकता है और अधिनियम की धारा-12 बी के तहत विनिर्माता/विक्रेता के अनुचित व्यापार या प्रतिबंधित व्यापार के कारण हुई क्षति या चोट के लिए मुआवजा भी मांग सकता है। विनिर्माता/विक्रेता का ऐसा व्यापार व्यवहार जिसके लिए वह ज़बानी या लिखकर या अपने प्रतिनिधि द्वारा यह बयान करे कि उसका टी.वी. एक खास स्तर, गुणवत्ता, श्रेणी, बनावट या ढंग का है, या उसकी बिक्री-उपरांत सेवा खास स्तर की है, लेकिन वह सब नही हो रही, तो उसके व्यवहार को ए०प्र०व्य० अधिनियम की धारा 36-ए के अंतर्गत अनुचित व्यापार ही माना जायेगा। इसके अलावा उसका यह कहना कि उसके टी.वी. की कार्यक्षमता, विशेषताएं, उपसाधन, उसके लाभ इत्यादि वे हैं जो दरअसल हैं नहीं, उसे भी अनुचित व्यापार व्यवहार ही माना जायेगा।

टी.वी. विनिर्माताओं/विक्रेताओं की सर्वाधिक सामान्य अनुचित व्यापार व्यवहार यह है कि वे सार्वजनिक रूप से ऐसी बात कहते हैं जो उनके उत्पाद या सेवाओं के लिए वारंटी या गारंटी का काम करती है, या जिसमें ऐसा वायदा निहित होता है कि वे सैट को बदल देंगे, या उसकी मरम्मत/देखभाल करेंगे और अपनी सेवाएं तब तक उपलब्ध कराते रहेंगे जब तक कि निदिष्ट परिणाम न मिल जायें। लेकिन यह सब वस्तुतः भ्रामक होता हैं।

कई बार ये विनिर्माता तोहफे, इनाम या ऐसी ही कुछ वस्तुएं देते हैं और ज़ाहिर यह करते हैं यह वस्तु सौदे में मुफ्त दी जा रही है। इसे भी अनुचित व्यापार व्यवहार माना जायेगा। इसी प्रकार प्रतियोगिताएं करवाना, लॉटरियां खोलना, दाव लगाने वाले या हुनर वाले खेल जिससे उनके सैटों की बिक्री को बढ़ावा मिलता है या उनका व्यापार पनपता है, सब अनुचित व्यापार व्यवहार माना जायेगा। ए०प्र०व्य० अधिनियम की धारा 36-डी के अंतर्गत आयोग का यह अधिकार है कि वह इस प्रकार का अनुचित व्यापार करने वाले विनिर्माताओं/विक्रेताओं के खिलाफ 'सीज़ एंड डिज़िस्ट' (रोकना तथा बाज आना) आदेश दे सकता है

लगभग सभी टी.वी. विनिर्माताओं/विक्रेताओं ने प्रतिबंधित व्यापार का एक तरीका यह निकाला है कि वे बिक्री-उपरांत सेवा को टी.वी. सैटों की बिक्री के साथ जोड़ देते हैं। उपभोक्ता तो यह सोचता है कि यह बिक्री-उपरांत सेवा नि:शुल्क है, जब कि उसके लिए अलग से दाम लिये जाते हैं और ग्राहक के बीजक/बिल में जोड़ दिये जाते हैं। देश के कुछ हिस्सों में, हो सकता है, विक्रेता उत्पादन शुल्क और बिक्रीकर को घटाने के लिए यह सब करते हैं। पर कुछ विक्रेता उपभोक्ता को मजबूर करते हैं कि वह उस राशि का भुगतान करे। दूसरे शब्दों में इसे हम प्रतिबंधित बिक्री कह सकते हैं और इसे प्रतिबंधित व्यापार व्यवहार के रूप में चुनौती दी जा सकती है।

इसी मुद्दे पर 45 टी.वी. विनिर्माताओं तथा विक्रेताओं को ए०प्र०व्य० आयोग के सामने पेशियां भुगतनी पड़ रही हैं और काफी परेशानी उठानी पड़ रही है। उनके प्रति अभियोग यही है कि वे ग्राहकों को नया सैट बेचते वक्त एक साल के लिए बिक्री-उपरांत सेवा के लिए भी दाम वसूल करते हैं। ये मुकदमें 'वॉयस' द्वारा 1983 में दायर की गई याचिका के कारण चलाये गये। पर ये दस साल से चले आ रहे हैं, जिससे साफ ज़ाहिर होता है कि ए०प्र०व्य० आयोग से शिकायत करने में भी समस्याएँ है।

बिक्री-उपरांत सेवा पर आम तौर पर एक सौ रुपया खर्च आता है यह सेवा किसी भी टी०वी० मरम्मत की दुकान, स्ववंत्र टी.वी. इंजीनियर या मैकेनिक कहीं कम खर्चे पर उपलब्ध हो सकती है। नये सैट के शुरु के वर्षों में तो बार-बार मरम्मत की जरूरत भी नहीं पड़ती। बार-बार मरम्मत की तभी जरूरत पड़ती है जब सैट अपना जीवनकाल (10 से 20 वर्ष) पूरा कर लेता है। अगर उपभोक्ताओं को साफ-साफ बता दिया जाये तो उनमें से अधिकांश बिक्री-उपरांत सेवा की पेशकश के लिए राजी भी नहीं होंगे। वे, बस, वहीं तक सीमित रहना चाहेंगे जहां तक वारंटी में उसका प्रावधान है।

इस बात को लेकर कई शिकायतें सामने आ रही हैं, और दिल्ली में किये गये सर्वेक्षणों से पता चलता है कि यह धंधा एक आम बात है और बड़े पैमाने पर चलता है। समूचे देश में कई विनिर्माताओं और विक्रेताओं पर मुकद्दमें किये गये और अब भी लड़ाई जारी है कि प्रतिबंधित व्यापार व्यवहार बंद हों। किसी उपभोक्ता संगठन को तो दस वर्ष तक मुकद्दमा लड़ने का अनुभव और अभ्यास हो सकता है, पर एक उपभोक्ता ऐसे मुकद्दमें कब तक लड़ सकता है। अगर विनिर्माता भी मुकद्दमा लड़ने पर उतारू है तो यह आसानी से तीन से पांच वर्ष ले सकता है। दूसरे, कानूनी कार्रवाई से इस पर जो खर्च आयेगा, वह इससे मिलने वाले लाभों से कहीं ज्यादा होगा। इसलिए ए०प्र०व्य० आयोग (एम.आर.टी.पी.सी.) के सामने किसी उपभोक्ता के लिए व्यक्तिगत रूप से मामला पेश करना महंगा सौदा रहेगा। आयोग के सामने पेश ज्यादातर मामले गवाही की अवस्था में हैं।

बी.पी.एल.०(इंडिया) लि० ने कर्नाटक उच्च न्यायालय से ए०प्र०व्य० आयोग की कार्यवाही के प्रति रोक आदेश ले लिया है। 'वॉयस' की कोशिश यही है कि यह रोक आदेश उठ जाये, हांलाकि उसके वित्तीय साधन बहुत सीमित हैं। निस्संदेह, टी.वी. के खरीदार अपने को निस्सहाय महसूस कर रहे हैं। व्यक्तिगत रूप से उपभोक्ता अपने अधिकारों से अपरिचित है। यदि वह अपरिचित न भी हो, तब भी उसके पास न इतने साधन हैं, न शक्ति है और न ही समय है कि वह इन मामलों से निपटने के लिए आयोग के चक्कर काटे।

अनुचित व्यापार, दोष और सेवा में कमियां

अनुचित व्यापार उपभोक्ता संरक्षण अधिनियम तथा एम.आर.टी.पी. अधिनियम, दोनों की परिधि में आता है। एम.आर.टी.पी. अधिनियम की धारा-36ए, में अनुचित व्यापार को जिस प्रकार परिभाषित किया गया है, वह उपभोक्ता संरक्षण अधिनियम की धारा एस-2(1) आर के कारण उसी परिधि में आता है। उपभोक्ताओं के सामने जो समस्याएं आती हैं, वे वारंटी अवधि के दौरान दी जाने वाली सेवाओं से ताल्लुक रखती हैं, या टी.वी. सैट की उन विशिष्टताओं से संबद्ध होती हैं जिन्हें विज्ञापित किया जाता है, या उस सेवा से जो असल में उपलब्ध करायी जाती है। इनके अलावा उन्हें विनिर्माताओं या विक्रेताओं के प्रतिबंधित व्यापार-व्यवहार से भी समस्याओं का सामना करना पड़ता है।

वारंटी अवधि के दौरान बिक्री-उपरांत सेवा

आम तौर पर वारंटी अवधि के दौरान निःशुल्क बिक्री-उपरांत सेवा के दावे किये जाते हैं। यदि विनिर्माता या विक्रेता ऐसा वचन देता है और उसे

पूरा नहीं करता तो ऐसे झूठे वायदे को अनुचित व्यापार (यू.टी.पी.) माना जायेगा (मेसर्ज़ रूचिका इलैक्ट्रानिक्स: यू.टी.पी.ई. 390/1988-एम.आर.टी.वी.सी.)। यह भी माना गया है कि यदि उपलब्ध कराई गई सेवा संतोषजनक नहीं होती तो उसे भी अनुचित व्यापार के अंतर्गत लिया जायेगा (मेसर्स लक्ष्मण सिल्वेनिया लि० टी. पी.ई. नं 415/1988-एम.आर.टी.पी.सी.)। जब टी.वी. सैट के साथ वारंटी अवधि के दौरान समस्याएं शुरू हो जाती है और विनिर्माता या विक्रेता उनकी ओर ध्यान नहीं देता, तो उसे भी अनुचित व्यापार माना जायेगा (बेलटेक इलैक्ट्रानिक्स प्रा०लि०, नयी दिल्ली यू.पी.टी.ई. 237/1988-एम.आर.टी.पी.सी.)। किन्तु यह सेवा उसी माल के लिए उपलब्ध करायी जायेगी जिसके लिए वारंटी दी गई है, भले ही उसी विक्रेता से और भी माल खरीदा गया हो। जैसे, एक ही विक्रेता से टी.वी. और एंटेना, दोनों खरीदे जाते हैं, पर एंटेना के लिए सेवा उपलब्ध नहीं करायी जायेगी, अगर उसके लिए वारंटी नहीं है (मेसर्स वीडियो पैराडाइज तथा ट्री.सी.पी.एल. यू.पी.टी. ई 334/1887-एम.आर.टी.पी.सी)। यदि दोष बहुत ही मामूली है तो बिक्री-उपरांत सेवा का उपलब्ध न कराया जाना अनुचित व्यापार नहीं माना जायेगा। इसलिए जब टी.वी. सैट पर धूल का एक छोटा सा धब्बा पाया गया, तो उसे अनुचित व्यापार न मानते हुए उसके निर्माता के खिलाफ शिकायत दर्ज नहीं की गयी (मेसर्स बेलटैक इंडिया लि० यू.टी.पी. ई.83/1985-एम.आर.पी.सी.)।

भ्रामक विज्ञापन

ए०प्र०व्य० (एम.आर.टी.पी.) अधिनियम की धारा 36-ए तहत यदि कोई विनिर्माता इस तरह से सार्वजनिक घोषणा करे कि उसके टी.वी. की गुणवत्ता विशेष प्रकार की है, या यह कि उसकी कंपनी एक विख्यात कंपनी के तकनीकी सहयोग से काम कर रही है और वह वास्तव में गलत हो तो उसे अनुचित व्यापार माना जायेगा। एकं टी.वी. विनिर्माता ने ऐसा भ्रम फैलाया कि उसके सैट एक विदेशी कंपनी के सहयोग से तैयार होते हैं। यह गलत निकला और उसे अनुचित व्यापार मानते हुए कंपनी के खिलाफ 'सीज़ एंड डिज़िस्ट' आदेश दिया गया (मेसर्स केज्ररीवाल इलैक्ट्रानिक्स प्रा.लि. यू.टी.पी.ई. नं० 167/1987-एम.आर.टी.पी.सी.)। यद्यपि टी.वी. विज्ञापनों में सीधे-सीधे सहयोग की बात नहीं होती, लेकिन वे दिखावटी या बनावटी ढंग से इस प्रकार विज्ञापन देते है जैसे कि उन्हें वाकई सहयोग मिला हो। इसे भी अनुचित व्यापार करार दिया गया है। जब एक कंपनी ने यह विज्ञापित किया कि उसके सैट उतने ही अच्छे हैं जितने कि तोशीबा के और उसका अभिप्राय यह था कि उनके यहां विनिर्माण

तोशीबा के सहयोग से हुआ या पुर्जे आयात किये गये, जबकि सहयोग नाम की कोई चीज थी ही नहीं, तो इसे भी अनुचित व्यापार माना गया और कंपनी से कहा गया कि वह भविष्य में ऐसे विज्ञापन न दे (क्रियेटिव इलैक्ट्रानिक्स यू.टी.पी. ई नं 190/1986-एम.आर.टी.पी.सी.)। एक दूसरे मामले में कंपनी ने अपने विज्ञापन में यह दावा किया कि उसका टी.वी. जिसे एनफील्ड नाम दिया गया है, जापान के तोशीबा के तकनीकी सहयोग से विनिर्मित हुआ है। पर यह बात सच नहीं निकली और प्रमाण के अभाव में इसे अनुचित व्यापार करार दिया गया (मेसर्स एनफील्ड इलैक्ट्रानिक्स लि० यू.टी.पी.ई. 312/1987-एम.आर. टी.पी.सी.)। एक अन्य कंपनी ने भी ऐसा ही दावा किया, पर वह भी गलत निकला और उसे भी अनुचित व्यापार करार देते हुए 'सीज़ एडं डिज़िस्ट' का आदेश दिया गया। (टेलीट्रोनिक्स, केरला यू.टी.पी.ई नं० 187/1986 साथ ही देखें कुंदन इलैक्ट्रानिक्स लुधियाना यू.टी.पी.ई. नं० 183/1986 ए०के०जी० इलैक्ट्रानिक्स (प्रा०) लि०, नयी दिल्ली यू.टी.पी.ई 86/1986, रिलायंस इलैक्ट्रानिक्स (इंडिया) प्रा०लि० यू.टी.पी.ई. 167/1987, बेलटैक इलैक्ट्रानिक्स प्रा० लियू.टी.पी. ई. 104/87, सभी एम.आर.टी.पी.सी.)।

यदि विज्ञापन के माध्यम से यह दावा किया जाये कि कोई टी.वी. सैट एक विशेष गुणवत्ता लिये हुए हैं और चुनौती दिये जाने पर यह दावा भ्रामक न पाया जाये तो ऐसे विज्ञापन को निरस्त नहीं किया जा सकता (मोनिका इलैक्ट्रानिक्स यू.टी.पी.ई. 1801/1987 एम.आर.टी.पी.सी.)।

जब एक टी.वी. कंपनी के खिलाफ यह बात उठायी गयी कि वह 'सोनी' ब्रांड नाम इस्तेमाल करके अनुचित व्यापार कर रही है और जब कंपनी ने यह साबित कर दिया कि उसे वह नाम इस्तेमाल करने के लिए वह प्राधिकृत है, और उसके टी.वी. सैट की गुणवता के कारण वह ग्राहकों को भ्रम में नहीं डाल रही तो इसे अनुचित व्यापार नहीं माना गया (ऑरसन इलैक्ट्रानिक्स लि० यू.टी.पी.ई 66/1965 एम.आर.टी.पी.सी.)। एक अन्य मामले में एक कंपनी का दावा था कि उसके टी.वी. के मुख्य पुर्जे हिटैची, जापान के थे। इस दावे को चुनौती मिली और इसके दो पुर्जे (पिक्चर टयूब तथा सर्किट्स) हिटैची नहीं पाये गये। फिर भी विज्ञापन का जारी किया जाना अनुचित व्यापार नहीं माना गया, क्योंकि यह प्रमाणित हो चुका था कि 50% पुर्ज़े हिटैची, जापान से ही भारत सरकार की आयात योजना के अंतर्गत मंगवाये गये थे (वैस्टन इलैक्ट्रानिक्स लि० यू.टी.पी.ई. 20/1985 एम.आर.टी.पी.सी.)। लेकिन एक दूसरे मामले में, विज्ञापन को भ्रामक पाया गया क्योंकि उसका विदेशी सहयोग का दावा गलत निकला। इसलिए उसके खिलाफ 'सीज़ एंड डिज़िस्ट' आदेश जारी किया गया (इंडियन

टी.वी. मैन्यूफैक्चर्स एसोसिएशन बनाम मेसर्ज़ पीको इलैक्ट्रिकल्स एंड इलैक्ट्रानिक्स-यू.टी.पी.ई 63/85 एम.आर.टी.पी.सी.)।

प्रतिबंधित व्यापार

कई बार टी.वी. विक्रेता प्रतिबंधित व्यापार करते हैं जिसे गलत करार दिया जा सकता है और ए०प्र०व्य० अधिनियम की धारा 12 बी के अंतर्गत मुआवजा दिलवाया जा सकता है। प्रतिबंधित व्यापार में अधिकतर टी.वी. सैट की बिक्री के साथ सहायक मदों की खरीद को बांधना माना जाता है। जब प्रतिवादी ने टी.वी. सैट की बिक्री के साथ एंटेना और बूस्टर की बिक्री भी बांध दी और ज्यादा पैसा लेकर रसीद में वह बिक्री दिखाई भी नहीं तो उसे प्रतिबंधित व्यापार माना गया और प्रतिवादी के विरुद्ध 'रिजिस्ट एंड डिजिस्ट' का आदेश दे दिया गया (मित्तल रायदास हलद्वानी) यू टी पी ई 32/1989 एम.आर.टी.पी.सी.)।

प्रमाण

दोनों ही अधिनियमों के अंतर्गत राहत चाहने वाले व्यक्ति को टी.वी. सैट का दोष या विज्ञापन की भ्रामकता साबित करनी पड़ती है। देखने में यह आया है कि यद्यपि भुगती गयी असुविधा का प्रमाण चाहे ठोस न हो, लेकिन दोषपूर्ण सैट के कारण उपभोक्ता को काफी असुविधा उठानी पड़ती है (कैलाशकुमारी बनाम शंकर एंड को० तथा अन्य II(1992) सी.पी.जे. 443)। दूसरी तरफ यह भी निर्णय हुआ कि प्रमाण के अभाव में यह कहना कि सैट की कार्यक्षमता संतोषजनक नहीं है, अनुचित व्यापार नहीं माना जायेगा (आरसन इलैक्ट्रानिक्स लि० यू टी पी ई 124/89 एम.आर.टी.पी.सी.)। यदि खरीदार यह साबित करना चाहता है कि उसने जो टी.वी. सैट खरीदा है उसमें बनावट का ही दोष है, या वह यह जानना चाहता है कि उसके सैट कब तक चलता रहेगा, तब उसे विशेषज्ञ का प्रमाण जुटाना होगा (मैसर्स श्योर मार्केटिंग सर्विस 'बनाम लियो डिसूजा II(1992) सी.पी.जे. 364)।

मुआवजा

उपभोक्ता संरक्षण अधिनियम के अंतर्गत टी.वी. विक्रेता विनिर्माता को अपनी लापरवाही के कारण खरीदार को हुई असुविधा के लिए मुआवजा देना पड़ सकता है। इसके अलावा ए०प्र०व्य० अधिनियम के अंतर्गत अनुचित व्यापार व्यवहार के कारण हुई हानि का हरजाना भी भरना पड़ सकता है। कैलाश कुमारी बनाम शंकर एंड को० II(1992) पी.पी.जे. 364 के मामले में यह फैसला हुआ कि जब कोई व्यक्ति काफी रकम खर्च करके टी.वी.सैट खरीदता है तो उसे यह

उम्मीद तो रहती ही है कि जब से उसने सैट खरीदा है वह तब से उसका भरपूर लाभ उठायेगा। जहां असुविधा और मानसिक कष्ट के तुल्य वास्तविक धन राशि का हिसाब लगाने की जरूरत पड़े तो संबंधित फोरम का फर्ज बन जाता है कि वह जुटाये गय सभी प्रमाणों की रोशनी में यह निर्धारित करें कि प्रार्थी को उसके द्वारा उठायी गयी असुविधा के लिए कितना मुआवजा मिलना उचित होगा।

निष्कर्ष

निष्कर्ष यही निकलता है कि यदि किसी खरीदार को दोषपूर्ण टी.वी. सैट के लिए कहीं शिकायत करनी है तो वह यह शिकायत ए०प्र०व्य० आयोग के सामने करने के बजाय उपभोक्ता विवाद निपटान फोरम के सामने करे। हर जिले में ऐसा एक फोरम है जब कि आयोग की स्थायी पीठ केवल दिल्ली में ही है। उपभोक्ता संरक्षण अधिनियम के अंतर्गत कार्य-प्रणाली भी सरल और त्वरित है, जबकि ए०प्र०व्य० अधिनियम के अंतर्गत कार्य-प्रणाली जटिल है और बहुत समय लेती है।

लेकिन उपभोक्ता ए०प्र०व्य० अधिनियम की धारा-11 (2) के अंतर्गत ए०प्र०व्य० आयोग के महानिदेशक के यहां प्रतिबंधित व्यापार और धारा-(11)(2) एवं 36(ई) के अंतर्गत अनुचित व्यापार व्यवहार के लिए शिकायत दायर कर सकता है। ऐसी शिकायतों पर महानिदेशक अपनी सुविधा के अनुसार गौर करेगा। वैसे शिकायत आयोग के अध्यक्ष के यहां भी की जा सकती है और उससे प्रार्थना की जा सकती है कि शिकायत को प्रतिबंधित व्यापार व्यवहार के मामले में धारा 10(a)(iv) के तहत और अनुचित व्यापार व्यवहार के मामले में धारा 36 बी (डी) के तहत सूचना मानी जाये। ऐसे मामलों पर यदि महानिदेशक या अध्यक्ष ध्यान देता है तो शिकायत दर्ज हो जायेगी। तब पैरवी की ज़िम्मेदारी आयोग के महानिदेशक की हो जायेगी और वह उपभोक्ता को प्रमाणीकरण के दौरान गवाह के नाते इस्तेमाल कर सकता है। यदि शिकायत धारा 10(ए) (i) या 36बी(ए) या 12 बी के तहत मुआवजे के लिए की जाती है तो अगर उपभोक्ता अपने मामले की वकील के जरिये या व्यक्तिगत रूप से पैरवी नहीं करता तो शिकायत रद्द हो सकती है। हर उपभोक्ता को जो ए०प्र०व्य० अधिनियम के अंतर्गत मुआवजे के लिए दावा करता है, यह जान लेना चाहिए कि पैरवी की जिम्मेदारी उसी की होगी। एक मामले के निपटने में तीन से पांच वर्ष लग सकते हैं। फिर दस्तावेजी प्रमाण भी जुटाने होंगें, और अगर सुनावाई के मौके पर शिकायतकर्त्ता स्वयं या उसका प्रतिनिधि उपस्थित न हुआ तो मामला खत्म हो सकता है।

हालांकि ये दिक्कतें तो हैं ही, फिर भी हम ए०प्र०व्य० अधिनियम की धारा 12 बी के अंतर्गत शिकायत-फार्म दे रहे हैं। ध्यान देने की बात यह है कि जब भी कोई उपभोक्ता टी.वी. सैट खरीदता है, तो उसे उस खरीद से संबंधित सभी कागजात संभाल कर रखने चाहिए, गारंटी अवधि के बारे में भी पूछताछ करनी चाहिए (यदि उसका उल्लेख नहीं है तो) और तसल्ली कर लेनी चाहिए। उपभोक्ता-फोरम वह राहत नहीं देगी जिसके लिए प्रार्थना नहीं की गयी। इसलिए जब भी प्रार्थना की जाये, तो शिकायत के सभी पहलुओं पर गौर कर लिया जाये।

ए०प्र०व्य० आयोग के सामने एक उपभोक्ता का व्यक्तिगत रूप से कानूनी हक की मांग करना न केवल समय गंवाना है, बल्कि महंगा भी है और इसकी कार्यवाही भी कष्ट कर हैं। इसके अलावा इसमें कई तकनीकी पेंच हैं जिन्हें एक साधारण उपभोक्ता नहीं समझ सकता। इसलिए एक उपभोक्ता के लिए यही उचित होगा कि वह शिकायत की सुनवाई के लिए उपभोक्ता न्यायालय में जाये।

उपभोक्ताओं की सुविधा के लिए शिकायत का एक प्रतिरूप नीचे दिया जा रहा है :-

विद्वान जिला उपभोक्ता विवाद निपटान फोरम के समक्ष (जिला

शिकायत संख्या..........................

मामला :

उपभोक्ता का नाम और पता : शिकायतकर्ता

बनाम

1. विनिर्माता का नाम और पता

2. विक्रेता का नाम और पता प्रतिवादी पार्टियां

उपभोक्ता संरक्षण अधिनियम, 1986 की धारा 2(i) (ई) और धारा 12 और 14, के अंतर्गत प्रतिवादी पार्टियों द्वारा अपनाये गये अनुचित व्यापार व्यवहार के लिए शिकायत–टी.वी. सैट में अभिकथित दोष/सेवा में कमी

अत्यंत सादर और विनम्रतापूर्वक :

शिकायतकर्ता की विनम्र शिकायत अत्यंत विनम्रतापूर्वक बयान की जाती है:

1. कि शिकायतकर्त्ता प्रतिवादी से टी.वी. सैट का खरीदार/उपभोक्ता या बिक्री-उपरांत

सेवा अवक्रेता है, और प्रतिवादी उक्त टी.वी. का विनिर्माता और विक्रेता है।

2. टी.वी. सैट की कीमत, खरीद स्थान, चैसी संख्या, गुणवत्ता के दावे का विवरण:

3. टी.वी. सेट में दोष कहां है, बिक्री-उपरांत सेवा में क्या कमी है या अनुचित व्यापार व्यवहार कैसे हुआ?

4. किस प्रकार की क्षति/चोट पहुंची?

5. संलग्न प्रमाण, जैसे कैश मीमो, प्रचार सामग्री, विज्ञापन।

6. प्रार्थना–मांगी गयी राहत।

स्थान और तिथि (शिकायतकर्ता के हस्ताक्षर)

सत्यापन

सत्यापित किया जाता है कि................स्थान...................दिनांक............ मास................1991 को पेश की गयी उपर्युक्त शिकायत की अंतर्वस्तु, जहां तक मैं जानता हूं, सत्य हैं और इस मामले से संबंधित कुछ भी महत्त्वपूर्ण छिपाया नहीं गया है।

(शिकायतकर्ता)

10

आपके टी.वी. सैट का अभिग्रहण गुणवत्ता आपके एंटेना पर निर्भर करती है

असली काम करने वाला

आपने टी.वी. सैट खरीदा है। बेशक, आप चाहेंगे कि आपको बढ़िया से बढ़िया अभिग्रहण-परिणाम मिले। लेकिन यह इस बात पर निर्भर करता है कि आपके टी.वी. एंटेना में संकेत पकड़ने की कितनी शक्ति है। दरअसल, असली काम एंटेना को ही करना है। इसलिए आइए हम एंटेना से ठीक से परिचय प्राप्त करें।

टी.वी. एंटेना क्या है?

मूलतः टी.वी. एंटेना वह उपकरण है जो आवृत्तियों के प्रति संवेदनशील होता है। तमाम सामान्य टी.वी. एंटेना एक खास चैनल आवृत्ति से समस्वरित (ट्यूंड) रहते हैं। 'समस्वरण' प्राप्त करने के लिए एंटेना को एक खास शक्ल देनी होती है और खास तरह से लगाना होता है। हर एंटेना वही ग्रहण करता है जो उसे प्रेषित किया जाता है। यह श्याम-श्वेत या वर्ण प्रेषण में भेद नहीं कर सकता। इसलिए श्याम-श्वेत टी.वी. सैट के लिए लगाया गया एंटेना रंगीन टी.वी. सैट के लिए भी उपयुक्त होगा, जब तक कि संकेत-शक्ति बहुत कमजोर न हो। पर अलग तरह के चैनलों के लिए अलग तरह के एंटेनाओं की जरूरत होती है।

घर के भीतर या बाहर

असली बात यह है कि आपका निवास-स्थान टी.वी. प्रेषण मीनार की किस दिशा में है। इसी से इस बात का फैसला हो सकेगा कि एंटेना आपको अपने घर के बाहर लगाना है या कि घर के भीतर। टी.वी. प्रेषित्र (ट्रांसमिटर) की शक्ति और टी.वी. मीनार के प्रेषक एंटेना की ऊंचाई से उसके परास (रेंज) का पता चलता है। अगर आप प्रेषण मीनार के आस-पास रहते हैं और मीनार

आपको दिखाई देता है, तब तो घर के भीतर लगा एंटेना ही अच्छा परिणाम देगा। जैसे-जैसे आप उससे दूर होते जायेंगे, संकेत-शक्ति कमजोर होती जायेगी, और घर के बाहर एंटेना लगाना जरूरी हो जायेगा। अगर आप और भी दूर हैं, यानी परास से बाहर हैं तो आपको बहु-अवयवी (मल्टीपल एलिमेंट) एंटेना या अभिवर्धक (बूस्टर) लगाना होगा।

घर के भीतर वाला एंटेना

घर के भीतर वाला एंटेना अक्सर सजावटी रूप में बना होता है। लेकिन इससे इसकी तकनीकी गुणवत्ता नहीं बढ़ती। मजबूत बनावट ज्यादा महत्त्व रखती है। बेहतर तो यही होगा कि एंटेना सरल हो और अच्छा बना हो।

जिस समय आप इसे लगा रहे हों, उस समय इसकी भुजाओं की दिशा और अवयवों की लंबाई का इस प्रकार समायोजन करें कि बढ़िया परिणाम मिलें।

घर के बाहर वाला एंटेना

एक सरल टी.वी. एंटेना में कम से कम तीन धातु छडें लगी रहती हैं जिन्हें एंटेना के अभिग्राही अवयव कहते हैं। ये छडें एक अवलंबन छड़ से जुड़ी रहती हैं। यह समूचा ढ़ांचा एक खड़े डंडे पर चढ़ा रहता है।

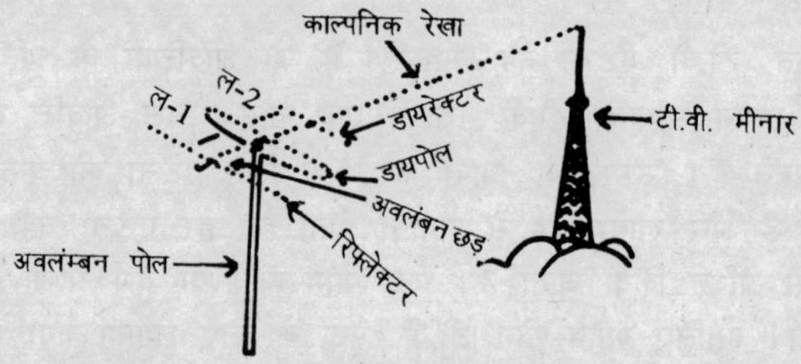

एक खास किस्म की तार के माध्यम से डायपोल पर टी.वी. संकेत पकड़ा जाता है। डायपोल से संयोजन आम तौर पर इस तरह किये जाते हैं :

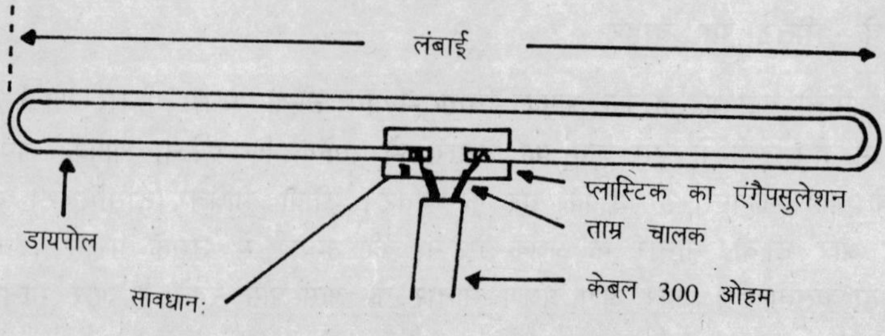

इस बात का ध्यान रहे कि एल्यूमीनियम छड़ और केबल के ताम्र चालक(कंडक्टर) के बीच समुचित वैद्युत संपर्क बना हुआ है। यदि संपर्क खराब है तो चित्र की गुणवत्ता प्रभावित होगी।

डायपोल तो आपके टी.वी. से विशेष केबल के जरिये वैद्युत रूप से जुड़ा रहता है, लेकिन 'डायरेक्ट' अवयव (एलिमैंट) और 'रिफ्लेक्टर' अवयव किसी से भी जुड़े नहीं होते।

इस बात का भी ध्यान रखें कि डायपोल या तांबे के कनक्टरों के सिरे एक दूसरे से या अवलंबन छड़ से शार्ट सर्किट नहीं होते। चैनल के अनुरूप ल-1 और ल-2 फैक्टरी में ही दृढ़ता से लगा दिये जाते हैं। 'रिफ्लेक्टर' और 'डायरेक्टर' की मदद से डायपोल को आपके टी.वी. के लिए उच्चतर संकेत-शक्ति प्रदान करता है।

घर के बाहर लगे एंटेना से उत्कृष्ट परिणाम पाएँ:

टी.वी. संकेत तभी बढ़िया ढंग से अभिग्रहीत हो सकते हैं जब डायपोल की लंबाई (ल) नीचे दी गयी सारणी के अनुसार चयनित टी.वी. चैनल आवृत्ति से मेल खाये।

चै	ल(सें.मी.)	चै	ल(से.मी.)	चै	ल(से.मी.)
2	283	6	78	10	67
3	249	7	75	11	65
4	222	8	72	12	63
	5	81	9	70	

एंटेना की छड़ें भूमि के समानांतर (क्षैतिज) हों।

एंटेना को इस तरह खड़ा करें कि उसकी छड़ें, अवलंबन छड़ और टी.वी. मीनार को जोड़ने वाली काल्पनिक रेखा के समकोण पर हों। नीचे दिये चित्र इसे स्पष्ट करते हैं:

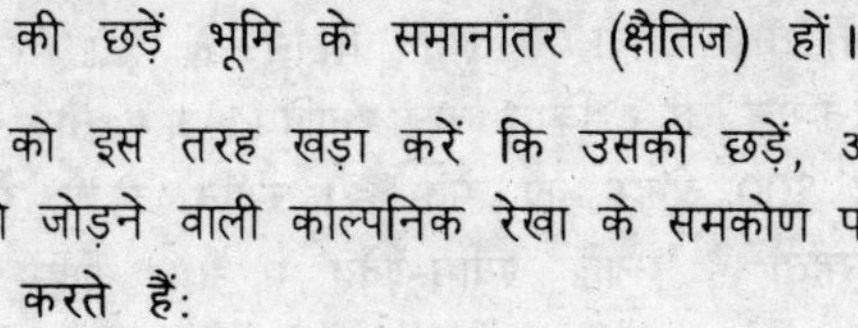

पर्याप्त संकेत पाने के लिए एंटेना की ऊंचाई बड़ी महत्त्व रखती है, विशेषकर दूर-दराज के इलाकों में जहां बीच की रूकावटें संकेत को रोक सकती है।

आम तौर पर तीन अवयव वाला एंटेना अच्छे अभिग्रहण के लिए पर्याप्त समझा जाता है। पर यह एंटेना इतना मज़बूत जरूर हो कि आंधी और बारिश की मार सह सके और अपनी जगह पर बना रहे। आप स्वयं भी देख लें कि मिस्त्री ने इसे ठीक से लगाया है। गोल अवलंबन डंडे को मजबूती से क्लैम्प किया जाना चाहिए ताकि आंधी या हवा के जोर से वह घूमे नहीं।

कनेक्शन कैसे करें?

एंटेना से टी.वी. तक टी.वी. संकेत ले जाने के लिए आम तौर पर दो तरह के केबल इस्तेमाल किये जाते हैं। चपटे किस्म का केबल, जिसमें दो समानांतर प्रचालक (कंडक्टर) होते हैं। यह 300 ओहम का केबल कहलाता है। गोलाईवाला को-एक्शियल केबल 75 ओहम का केबल कहलाता है। जिस समय केबल को टी.वी. या एंटेना से जोड़ा जाता है, तो 300 ओहम या 75 ओहम की इस प्रतिबाधा का मिलान किया जाता है।

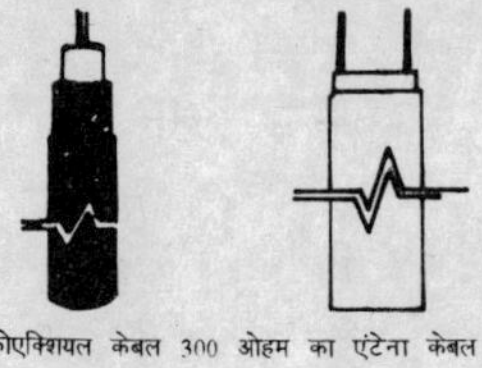

कोएक्शियल केबल 300 ओहम का एंटेना केबल

केबल, एंटेना तथा टी.वी. से संगत बैठाने के लिए बेलुन (नन्हा मैचिंग ट्रांसफॉर्मर) का इस्तेमाल जरूर किया जाना चाहिए। आम तौर पर घर के बाहर लगने वाला एंटेना 300 ओहम का होता है। रंगीन टी.वी. में 75 ओहम का निवेश (इनपुट) रहता है जबकि श्याम-श्वेत में 300 ओहम का। बेलुन का इस्तेमाल नीचे दिखाया गया है।

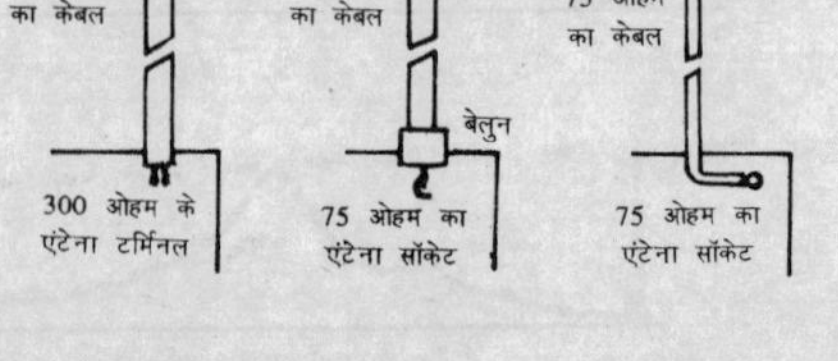

अगर केबल ज्यादा लंबा हो तो इसका गुच्छा मत बनाइए। इसके चित्र में सफेदी आ जायेगी, और कई बार रंग भी चला जायेगा। उपयुक्त लंबाई ही रखिए। अगर एक ही एंटेना से कई टी.वी. सैटों के लिए काम लेना है तो 'सिगनल स्पिलिटर' लगाने की जरूरत पड़ेगी, और इस काम के लिए किसी भरोसेमंद टैक्नीशियन की मदद लेनी होगी।

एंटेना कहां और कैसे लगायें

टी.वी. मीनार की स्थिति देखते हुए अपना एंटेना ठीक से लगायें ताकि आपको न सफेदी वाला चित्र मिले, न ही विरूपित ध्वनि और न ही कपट छवियां। ऊंची दीवारों, पानी के तालाबों, पेड़ों इत्यादि के पास एंटेना न लगायें। ऐसा करने पर कपट छवियां मिलेंगी।

यदि छोटे से क्षेत्र में बहुत से एंटेना लगाने हों तो एक सामुदायिक एंटेना लगाना ही कपट छवियों से बचने का बढ़िया हल है।

बहु-चैनल एंटेना कब इस्तेमाल करें

महानगरों में जहां प्रेषण दो चैनलों पर होता है, या उन जगहों पर जहां दो टी.वी. स्टेशनों से प्रेषण होता है, आप को हर चैनल के लिए अलग-अलग एंटेना चाहिए। इसके अलावा हर एंटेना को टी.वी. मीनार की दिशा में अभिमुख करना होगा। दो एंटेनाओं को एक ही अवलंबन पोल पर लगाया जा सकता है, लेकिन दोनों को एक-दूसरे से चैनल की तरंग दैर्ध्य को ध्यान में रखते हुए विनिर्दिष्ट दूरी पर होना चाहिए। दोनों एंटेनाओं को एक दूसरे में हस्तक्षेप किये बिना, एक ही केबल से जुड़ा होना चाहिए। इसके लिए 'डिप्लेक्सर' या जिसे आम तौर पर 'मिक्सर' कहते हैं, इस्तेमाल किया जाना चाहिए। इस युक्ति से यह निश्चित हो जाता है कि हर एंटेना टी.वी. को दूसरे चैनल वाले संकेत को क्षीण करते हुए, केवल के माध्यम से पूरी शक्ति देता है। यदि भीतर आने वाले दो संकेत काफी हद तक विभिन्न शक्ति के हैं, तो आपको मिक्सर से पहले बहुत शक्तिशाली संकेत के लिए क्षीण करने वाली युक्ति इस्तेमाल करनी होगी और बहुत कमजोर संकेत के लिए अभिवर्धक (बूस्टर)।

दो एंटेनाओं के बीच अंतर-चैनलीय हस्तक्षेप भी एंटेना और मिक्सर के बीच केबलों की लंबाई नियमित करके कम से कम किया जा सकता है।

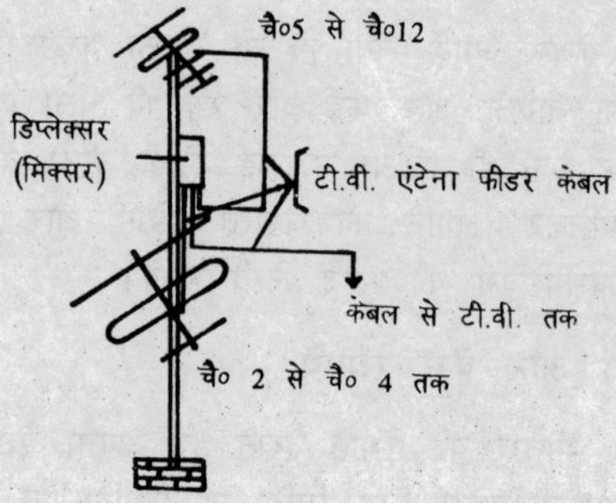

हमेशा आपका एंटेना ही दोषी नहीं होता

चेतावनी स्वरूप टिप्पणी। यदि तमाम सावधानी बरतने के बावजूद आपको टी.वी. पर स्पष्ट चित्र नहीं मिलता तो अपने एंटेना, या टी.वी. को दोषी न ठहरायें। अपने निकटतम पड़ोसी के घर जायें। यदि आपके पड़ोसी की समस्या भी वही है तो आपका टी.वी. स्टेशन का प्रेषण दोषी है। टी.वी. स्टेशन से जोर से तथा स्पष्ट शिकायत कीजिए ताकि प्रेषण की गुणवत्ता सुधर सके। उपभोक्ता के नाते यह आपका हक है। इस हक का इस्तेमाल कीजिए।

11

मानकीकरण, परीक्षण तथा गुणवत्ता नियंत्रण (एस.टी.क्यू.सी.) निदेशालय तथा इसकी परीक्षण प्रयोगशालाएं

भारत सरकार के इलैक्ट्रानिक्स विभाग के अंतर्गत मानकीकरण, परीक्षण तथा गुणवत्ता नियंत्रण (एस.टी.क्यू.सी.) निदेशालय की स्थापना 1977 में हुई थी। इसका उद्देश्य भारत में बने इलैक्ट्रानिक सामान की गुणवत्ता सुधार और इसकी विश्वसनीयता बढ़ाना था ताकि घरेलू तथा अंतर्राष्ट्रीय बाजार में भी उसकी साख बढ़े। इस निदेशालय के तहत 23 प्रयोगशालाएं हैं जो देश के प्रमुख नगरों में स्थित हैं। इनके पास परीक्षण के लिए उत्कृष्ट साज़ोसामान और सुविधाएं हैं। इनमें 4 ई.आर.टी.एल., 18 ई.टी.डी. तथा एक सैंटर फार रिलायबिलिटी एंड ट्रेनिंग इंस्टीच्यूट शामिल हैं।

एस.टी.क्यू.सी. राष्ट्रीय तथा अंतर्राष्ट्रीय स्तर पर मानकीकरण तथा परीक्षण सेवा प्रदान करता है। मुख्य सुविधाएं हैं इलैक्ट्रानिक कल-पुर्जों की गुणवत्ता, विशिष्टताएं तथा जांच व्यवस्था, परीक्षण के दौरान परिवेशीय और यांत्रिक स्थिरता, राष्ट्रीय मानकों से संबद्ध अंशशोधन सेवाएं उपलब्ध कराना तथा पर्सनल कंप्यूटर, रंगीन टी.वी. सैट, सुरक्षा, ई.एम.आई/ई.एम.सी., एल.एस.आई./वी.एल.एस.आई, डायनैमिक बर्न-इन, ऑटोइलैक्ट्रानिक एवं चल अंशशोधन स्थापनों के लिए विशिष्ट परीक्षण।

2. एस.टी.क्यू.सी. कार्यक्रम को तकनीकी सहयोग कार्यक्रम के अंतर्गत जर्मन सरकार से मदद मिलती है। यह मदद सुरक्षा, आई.ई.सी.क्यू., संस्थान निर्माण इत्यादि के विशिष्ट कार्यों के लिए उपलब्ध हैं। इस सहकारी कार्यक्रम के अंतर्गत विनिर्दिष्ट परीक्षण सुविधाएं स्थापित की गयी हैं। भारतीय इंजीनीयरों को विदेशों में प्रशिक्षण दिया जाता है और विदेशी विशेषज्ञों को आमंत्रित किया जाता है ताकि भारतीय परीक्षण प्रयोगशालाएं उन्नत हों और विनिर्माताओं को भी लाभ मिले।

3. एस.टी.क्यू.सी. विभिन्न प्रमाणीकरणों, जैसे आई.ई.सी.क्यू. (इलैक्ट्रानिक कंपोनेट सर्टिफिकेशन) सुरक्षा (अंडरस्टेंडिंग विद अंडरराइटर्स लैबारिटरीज़–यू.एल.), यू.एस.ए. एंड टी.यू.वी. तथा बी.डी.ई., जर्मनी), ई.एम. आई। ई.एम. सी. (एफ.सी.सी., यू.एस.ए. सी.आई एस.पी.आर की आवश्यकताओं के अनुसार), आई एस 09000 पंजीकरण (ब्रिटिश स्टैंडर्ड इंस्टीच्यूशन, यू के)–के जरिये भारतीय इलैक्ट्रानिक उद्योग को अंतर्राष्ट्रीय स्तर की सेवाएं उपलब्ध करा रहा है।

तुलनात्मक परीक्षण के क्षेत्र में एस.टी.क्यू.सी. निदेशालय पिछले पांच वर्षों से उपभोक्ता आंदोलन के विकास और उसकी गति को तीव्र करने के लिए काम कर रहा है। इस उद्देश्य से दो इंजीनियरों को रंगीन टी.वी. सैटों के परीक्षण के लिए जर्मनी के स्टिफटुंग वारेनटेस्ट में विशेष प्रशिक्षण मिला है। ताकि भारत में उपभोक्ता संगठनों को इस क्षेत्र में विशेषज्ञता उपलब्ध कराई जा सके। अनुभव प्राप्ति के लिए रंगीन टी.वी. सैटों का प्रायोगिक तुलनात्मक परीक्षण का आयोजन किया गया है। यह निदेशालय सिडनी में आस्ट्रेलिया के उपभोक्ता संगठनों से भी संपर्क साधे हुए हैं ताकि उनके पास जो विशेषज्ञता है, वह प्राप्त हो सके। एक उपभोक्ता संगठन की प्रार्थना पर रंगीन टी.वी. सैटों के तुलनात्मक परीक्षण के लिए विनिर्दिष्ट परीक्षण कार्यक्रमों का विकास किया गया है।